法律理论基础与实践路径

戴为卿　薛　雪　束正刚　著

中国商业出版社

图书在版编目（CIP）数据

法律理论基础与实践路径 / 戴为卿，薛雪，束正刚著. -- 北京 : 中国商业出版社，2024. 10. -- ISBN 978-7-5208-3195-6

Ⅰ. D90

中国国家版本馆CIP数据核字第2024AY2691号

责任编辑：许启民

策划编辑：武维胜

中国商业出版社出版发行

（www.zgsycb.com　100053　北京广安门内报国寺 1 号）

总编室：010-63180647　编辑室：010-83128926

发行部：010-83120835/8286

新华书店经销

北京厚诚则铭印刷科技有限公司印刷

*

710 毫米 ×1000 毫米　16 开　9.75 印张　175 千字

2024 年 10 月第 1 版　2024 年 10 月第 1 次印刷

定价：48.00 元

* * * *

前　言

法学理论是时代法律精神的集中体现。每一个历史时期的法学理论研究，都应当密切关注所处时代提出的种种问题。法学理论决不能醉心于淡漠的自我直观，也不能成为游离于现实世界之外的主观遐想，而必须参与生动的现实生活，反映并解读时代生活的各种关系，使之成为法律文明活的灵魂。因此，以理性的目光自觉审视我们时代的法律变革进程所提出的重大问题，是当代中国法学理论的历史使命。法学理论无论从内部即就其内容而言，还是从外部即就其表现而言，都要与自己时代的法制创新过程与时俱进并产生相互作用，将我们这个时代最精致、最宝贵和最神圣的精髓都融入法学理论，使之成为我们所处时代的法律问题的理性认识系统。因此，深入开展法律理论基础与实践路径的研究，有着十分重要而现实的意义。

本书从法的基础理论切入，详细阐述了法的基本概念、要素、效力，探讨了法的演进与作用，论述了法与经济、文化、科技等领域的外延关系，深入探讨了法律关系与法律行为，详细论述了法律程序、法律责任及法的遵守、法的执行、法的适用与法律监督等各方面内容。本书点面俱到，繁简适中，架构完整清晰，注重实用性、系统性和严谨性，旨在为法律理论基础与实践路径研究提供一些参考。

在写作过程中，为提升学术性与严谨性，笔者参阅了大量文献资料，引用了一些同人前辈的研究成果。因篇幅有限，不能一一列举，在此一并表示最诚挚的感谢！

由于法律理论基础与实践路径研究涉及的范畴较广，需要探索的层面较深，笔者在写作过程中难免会存在一定不足，对一些相关问题的研究不够透彻，恳请各位前辈、同行以及广大读者斧正。

目　　录

第一章　法的内涵

第一节　法的基本概念

一、“法”的词源分析

法哲学或法律理论的核心问题，在于探究“法”概念的性质与普遍意义上“法”的词义。尽管法律在现代社会生活中无处不在，但关于“法”概念却并不存在一致认识。人们可以用许多方式对“法”下定义，这些定义自身并无对与错之分，只是反映了人们看待问题的不同思路，且源于不同的实践目的需要。考察“法”概念的词源是理解和把握“法”概念的出发点。探索“法”的词源对于理解法的词义具有非常重要的意义。我们只能从“法”的词源及其词义的历史变迁这一角度，才能透视“法”这一社会现象本身的历史轨迹与内在本质。

（一）“法”的西语词源

由于语言文化和法律传统的不同，在西文语系中，“法”的词源存在着两种语义脉络，即欧洲大陆各民族语言和英语。

一方面，就欧洲大陆各民族语言而言，拉丁语语汇中能够译作“法”的词非常多，其中典型的有两个，即Jus和Lex。Jus的基本含义有两种：一种为法；另一种为权利。罗马法学家塞尔苏斯对“法”的定义“法乃善与正义之科学（jus est ars boni et aequi）”，就是从第一种含义引申而来的；拉丁格言“错误不能产生权利（jus ex injuria non oritur）”，则是从第二种含义引申而来的。此外，Jus还有公平、正义等富有道德意味的含义。相比之下，Lex的含义较为简单，其原义是指罗马王政时期国王制定的法律和共和国时期各立法机构通过的法律。总体来说，Lex是具体而确定的规则，用于纯粹的司法领域，可以指任何一项立法。而Jus只具有抽象的性质。由此可见，法在西文词源中的含义主要分为两个部分：一是指抽象的正义原则和道德律令，它们永恒且普遍有效，具有抽象、含混、富有哲学的特点；二是指由国家制定并发布的具体规则，其特点是明确、具体、技术性强。①

另一方面，“法”在英文中的词义。从词源上分析，Law作为“法”来理解时，并不含有权利的意思。Law一词源自北欧，约公元1000年传入英格兰。但我们同样清楚，源自罗马法的私法精神与权利意识是它们共同的基础。英文中存在与Jus意义接近的Right一词，其基本含义是权利，但也可以指作为一切权利基础的抽象意义上的法。

（二）“法”的中文词源

古汉语中“法”的写法是“灋”，许慎《说文解字》中对该字的注释是：“灋，刑也，平之如水，从水；廌，所以触不直者去之，从去。”“廌”又名“解豸”或“獬豸”，是传说中的一种独角兽，其生性悍直，能辨别是非曲直。现在人们对于许慎这一解释的理解有三点：一是“灋”与“刑”这两个字在中国古代是相通的；二是“灋”的基本含义是公平、正义；三是具有惩罚之意。按照这种理解，似乎中国的“法”与西方语系中的“法”的含义是一致的。但这种观点受到了质疑，蔡枢衡在《中国刑法史》中对“法”进行考证后认为，“平之如水”四字乃是后世浅人妄增，不可轻信。他认为，水的含义在“灋”中不应是象征性的，而是功能性的，是指将有罪的人置于水上，使其随水漂去，即现在所谓的驱逐。从这种观点来看，不能从“平之如水”中联想出中国古文字“灋”中有与西方语系中“法”字所指称的正义一样的含义。

通过对汉语中“法”的词源考查，可得知：第一，“灋”自古音“废”，钟鼎文“灋”借为“废”，因此，“废”字的含义就渐渐成为“法”字的含义。依《周礼·天官大宰》注：“废，犹遏也。”《尔雅·释言》注：“遏，止也，”“废，止也。”《战国策·齐策》注：“止，禁也。”《国语·郑语》

① 闫朝东.实用法律基础理论探究[M].北京：中国商业出版社，2024：3-8.

注："废，禁也。"从这些注释中，我们可以发现，法在词源上其实具有禁止的含义。第二，"法"与"逼"是双声，"逼"变为"法"。《释名·释典艺》注："法，逼也。人莫不欲从其志，逼正使有所限也。"这也是法具有禁止之义的例证。而《左传·襄公二年》注："逼，夺其权势。"《尔雅·释言》注："逼，迫也。"这又说明法具有命令的意思。第三，古音法、伐相近，法借为砍伐。伐者攻也，击也。这里法有了刑罚的意思。《管子·心术》："杀戮禁诛谓之法。"《盐铁论·诏圣》："法者，刑罚也，所以禁强暴也。"这些解释都可以佐证法的确有刑罚之义。如此理解法的词源，我们不难发现蔡枢衡强调中文里法的词源在文化上的独特性，从功能上讲它主要指禁止与命令，从手段上讲它主要指刑罚。

梁治平对上述观点做了进一步阐释。他指出，在中国古代文献中，刑、法与律可以互训。如《尔雅·释诂》："刑，法也，""律，法也。"《说文》："法，刑也。"《唐律疏议·名例》："法，亦律也。"从时间顺序上看，我们今天称为古代法的，在三代是刑，在春秋战国是法，在秦汉及之后则是律。这三者之间的关系尽管并非并列而无偏重，但它们的核心语义是统一的，都是指刑罚的刑。它们之间绝无像西方语系中法所指称的不同层次的意思，比如作为规则的法与作为正义与权利的法。因此，中国的"法"字从词源上讲与刑法关系密切，这也是中国传统法律文化与西方法律文化具有明显差异的地方。可见，仅从词源的角度而言，单独用"法"来对译西文语系中法所指的丰富内容是有一定难度的。

二、法的定义

（一）法是具有普遍约束力的行为规则

法是一个具有多重含义的概念，尽管人们对法的理解各有不同，但仍然能找到共同之处，即人们普遍认为：法是调整人的行为的一种规则。俗话说，无规矩不成方圆。所谓规矩，就是人们所应当遵循的、行为应当受到约束的各种活动准则。众所周知，规则有许多种，大致可分为自然规则和社会规则。我们这里探讨的仅是社会规则。社会规则的种类又可分为道德规则、习惯规则、社会团体规则、企事业组织规则等。

如果说法是一种社会规则，那么能否反过来说社会规则就是法呢？如果答案是肯定，那么对于同一事件一个国家就会存在不同的法。例如，如果说企业组织规则是法，而一个国家有众多企业组织，那就会有许多关于企业组织的法，这样可能会造成人们无所适从。因为每个企业组织都要遵守自己的“法”，当两个企业组织在交易活动中要签订合同时，如果要遵守自己的“法”，就可能会违反对方的“法”；若遵守对方的“法”，就可能会违反自己的“法”。可见，如果说社会规则就是法，就会因法的内容相互冲突而使人们无法可依，使人们失去行动指南。因此，只有当规则能够为人们所共同遵守时，才能以这个规则为行动指南而进行活动，这样的规则才能称为法。也就是说，社会规则要成为法，必须具有普遍的约束力。

按照这样的思路理解法，前述关于法的理解中，一些关于法的概念的理解就存在错误，因为他们所说的法院判决并不具有普遍的约束力，法院判决只对与案件有关的人和组织有约束力，对案件之外的其他人和组织没有约束力。

（二）法是由国家强制力保障的行为规则

凡是具有普遍约束力的社会规则就是法吗？我们先假设答案是肯定的。如果是这样，所有的道德规则和习惯规则都是法，因为一定范围内的人都以它们作为行动准则，它们是具有普遍约束力的社会规则。我们知道，违法的人会受到法律的惩罚和制裁，所谓“天网恢恢，疏而不漏”就是这个意思。事实上，生活中有这样的人，当他违反道德规则或习惯规则时，周围的人就会对他说三道四、另眼相看，使他受到舆论上的谴责。但这种谴责对于一个恶习难改、厚颜无耻的人来说几乎无关痛痒，他甚至还可以继续作出违反规则的行为，对于人们的指责视而不见、听而不闻。试想，如果这样的规则是法，那么法的存在还有意义吗？要使法的存在具有意义，它必须对人们施加某种强有力的手段，使人们产生威慑感，从而不敢去违反它，让过去违法的人以后不敢再违法，这样才能保证它的内容得以实现。也就是说，一种社会规则要成为法，除了具有普遍约束力外，还必须具有强制力，且这种强制不仅是舆论或心理上的强制，而是以武力为后盾的强制，只有这样的强制才能产生实际效果，使规则内容的实现具有切实可靠的保障。

也许有人会问：是不是具有普遍约束力并且具有强制力的规则就可以成为法呢？如果是这样，那就只要赋予各种具有普遍约束力的规则以强制力去保障其实现，这些规则就是法了。例如，我们可以对那些违反道德规则的人采取强制手段以保证道德内容的实现，那么，道德就成为法了。但事实上这是不可能的。因为这涉及由谁去采取这个强制手段的问题。如果任何人都能采取强制手段的话，那就意味着违反道德的人自己也同样可以采取强制手段去对抗那些对他采取强制的人。可想而知，这必将会导致一个混乱的局面，社会的秩序和安全将失去保障。另外，如果道德被赋予强制力，道德的性质就发生了变化，它实际上已不再属于道德的范畴，因为道德本身就是通过舆论和心理而不是通过强制去维持的。所以，为了保证社会秩序的稳定与和谐，维持安全的人类生存环境，只能由一个统一的组织去采取强制手段，这个组织应当是社会公认的、有威信的组织，能得到大多数人的信服和认同。在现代社会，这样的组织是通过选举产生的、行使公共权力的政府组织，它们是国家权力的掌握者和行使者。也就是说，只有国家才能采取强制手段去保证那些具有普遍约束力的规则得以实现，使其成为不同于其他社会规则的法。

（三）法是具有国家意志的行为规则

国家为什么会用强制手段去保障某些社会规则的实施，而不用同样的手段去保障其他社会规则呢？原因是多方面的。其中，有的社会规则只适宜通过其他手段而不适宜通过国家强制手段去保障实施，因为如果运用国家强制手段去保障这些社会规则实施，一方面，会因需要管理的事情太多而管理不当，如家庭事务纠纷，即所谓“清官难断家务事”；另一方面，也没有必要通过国家强制手段去保证这些社会规则的实施，如恋爱这类适宜通过道德规则去调整的问题。因此，国家只能根据人力、物力和财力的实际情况，选取那些对人们生活重要、对维持良好社会秩序不可缺少的方面进行管理和规范，将它们纳入国家的调整范围之内，使其成为法律规则的规范内容。

德国法学大师拉德布鲁赫曾说：“法律的设置必须服务于一种意志。”一些行为规则之所以会得到国家强制力的保障，除了考虑到国家人、财、物的实际情况和该类规则对于社会秩序的重要程度外，最主要原因是这类规则反映了一个国家的意志。所谓国家意志，就是以国家名义反映和表现出来的，在社会上占优势地位者的利益和意志。那些在社会上各方面占优势地位的人成为国家的统治者，他们为了维护自己的利益和实现自己的意志，通过制定并颁布新的规则或通过承认以前就存在的其他社会规则的方式，使它们成为法，并依靠权威性的国家强制力量来保障它们的内容得以贯彻落实。因此，法都是为一定范围的人的利益而服务的，都是人的利益和意志的一种具体体现和反映。由于体现在法中的利益和意志是社会上占优势地位者的利益和意志，他们的优势地位使得他们在社会事务各个方面都具有发言权和决定权，国家的权力实际上就掌握在他们手中，所以，法是一种具有国家意志的行为规则。

至此，我们可以将法的定义表述为：法是体现国家意志、由国家强制力保障实施的具有普遍约束力的行为规则。

三、“法”与“法律”的区别

虽然法的词义在中、西方法律文化中具有不同含义，但它们都具有规范性和描述性这两种理解路径。规范性路径是从应然的价值角度把握法的概念，分析其与自由、公平、秩序、道德等价值的互动关系，探求“法应该是怎样的”；描述性路径则是从实然的事实角度考察法的概念，分析其具体存在形态、运行规律以及在社会生活中的实际作用与地位，观察“法实际上是怎样的”。

当我们在规范意义上谈论法的概念或法律精神时，法通常指抽象的正义原则和道德律令。若在描述性意义上谈论法的概念或法的形态，则通常指国家制定和颁布的具体规范，即法律。最早将法与法律相区别的是古希腊的自然法学家，他们认为法是自然形成的自然现象，自然法就是与自然相一致的生活准则，而法律则是人们自主规定并可变更的成文法律和典章制度。近代自然法学认为，自然法与自然权利根源于人的自然性与理性，自然法是先于并高于人定法而存在的。在应然和实然的基础上区分法与法律，并强调法高于法律、法统领法律，是西方传统法律的一个显著特征。

中国古代思想家也曾从“道”和“器”、“体”和“用”的角度分析法与法律的区别。元代思想家苏天爵指出：“法者，天下之公，所以辅乎治也；律者，历代之典，所以行乎法也。古自昔国家为治者，必立一代之法，立法者必制一定之律。”在此，“律”是指成文法规，是“行乎法”，即以“法”为内容。这显然也是一种“法”和“法律”的二元观念，只是这种观点并未引起人们足够的重视，也没有成为中国传统法律文化的主流。

法与法律的区别，也可以从外延的角度进行区分。在现代汉语中，“法律”有广义和狭义之分，广义的法律是指包括宪法、法律、行政法规、地方性法规、规章等在内的一切规范性法律文件；狭义的法律是指全国人民代表大会及其常务委员会制定的基本法律以及基本法律之外的法律。为了区别，通常将广义的法律称为法。在学理上，除广义的法律外，“法”一字还可以指涉及一切具有外在约束力的行为规范，如习惯法（乡规民约）和国际条约等。

第二节 法的要素

法作为一种社会规范，是由一些要素构成的，法的要素即指法的构成成分。为了更清晰地掌握法是什么，还需了解法由哪些要素组成。

对于法的要素这一问题的研究，与对法的概念的理解有关，对法的概念理解不同会导致对其组成要素有不同答案。有人认为，法是由国家制定的行为规则，法是由国家颁布的各种规范构成。如英国法学家哈特认为，法律由规则构成，法律规则包括第一性规则和第二性规则。第一性规则是设定义务的规则，第二性规则是授予权利的规则。有人认为，法不只是由规则构成，还由原则和政策构成。原则是指那些尊重和保障个人或群体的政治决定，如平等原则；政策是促进和保护社会集体目标的政治决定，如刑事政策等。有人认为，法是依照一批司法和行政过程中使用的权威性法令来实施的高度专门形式的社会控制，法由律令、技术和理想构成。其中，律令又包括规则、原则、概念和标准；技术是解释和适用法的方法和在权威性资料中寻找审理案件根据的方法；理想是在特定条件下社会秩序的理想图景。从法社会学的观点来看，法由书本上的法和行动中的法构成。书本上的法是以文件形式存在的法，这类法往往存在许多空白、模糊或难以执行之处，这就为法律官员的自由裁量、当事人的交易留下了余地，这种自由裁量和交易就是行动中的法。从法人类学的观点看，法由国家制定的行为规则和习惯构成。在未开化社会里，调整人们行为、解决纠纷的习惯规则发挥着与文明社会里国家制定的规则同样的功能，这些习惯规则也是法。如美国学者鲍哈纳认为，法是由专门处理法律问题的社会机构再创造的习惯。

对于法的构成要素问题，我们要基于对法的概念的理解去回答。社会科学与自然科学不同，自然科学可以通过实验或推理得出唯一正确的答案，而社会科学是一种涉及价值的文化现象，可以从不同立场、不同视角进行评价。正如德国法学家拉德布鲁赫所说：“对于法律，或者对任何一个个别的法律现象的无视价值的思考是不能成立的。”因此，对于法的要素这种社会科学知识，由于每个人的价值观不同，可以根据不同理解做出不同回答。这里，我们按照前面对法的概念的理解进行分析，认为法的要素包括以下几部分：法律概念、法律规则和法律原则。①

一、法律概念

法律概念是法的基本构成成分。这里的法律概念并非指法的概念，而是指组成法的基本要素。法是由许许多多的法律概念术语结合而成的系统。概念是人们从日常生活实践和法律实践中归纳总结出来的对事物进行概括描述的用语，是构成语言的基本单元。概念是法律思想的基本要素，且是我们将杂乱无章的具体事项进行重新整理归类的基础，如合同、侵权、犯罪、责任等。

（一）法律概念的分类

法律中涉及的概念众多，可根据不同标准进行分类。

1.根据法律部门进行分类

法律概念可分为宪法概念、民法概念、刑法概念、行政法概念、诉讼法概念等。宪法概念如国籍、公民、选举权、游行、集会等。民法概念如合同、要约、承诺、担保、过失、侵权等。刑法概念如犯罪、惩罚、强奸、既遂、未遂、盗窃等。行政法概念如公务员、国家工作人员、行政处罚、行政拘留等。诉讼法概念如起诉、上诉、传唤、撤诉、裁定、判决等。此外，还有经济法概念、社会法概念、国际法概念等。

2.根据法律概念所涉及的对象进行分类

法律概念可分为涉人概念、涉事概念、涉物概念。涉人概念是关于法律上的人的概念，如自然人、法人、原告、被告、犯罪嫌疑人、代理人、辩护人、债

---

① 董国良.法学[M].北京：首都师范大学出版社，2022：12-19.

权人、债务人等。涉事概念是关于法律上的事件和行为的概念，如正当防卫、回避、代理、自首、违约、留置等。涉物概念是关于法律上的物的概念，如标的、票据、定金、动产、违约金、票据等。

3.根据法律概念涵盖面大小进行分类

法律概念可分为一般法律概念和部门法律概念。一般法律概念适用于所有法律领域的概念，如权利、义务、责任等。部门法概念只适用于某一法律领域，如前述的宪法概念、民法概念、刑法概念、行政法概念等。

（二）法律概念的作用

正是法律概念使立法者的立法思想得以通过法律条文的形式完整准确地表达出来，人们也可以通过对法律概念的把握来尝试理解立法意图，进而准确地理解法律条文的含义。因此，美国法理学家博登海默认为，没有法律概念，我们便无法将对法律的思考转变为语言，也无法以明了易懂的方式把这种思考传达给他人。若完全摒弃概念，整个法律大厦就会土崩瓦解。可见，法律概念的作用非同小可。

1.法律概念是法律表达的重要工具

立法者通过法律概念将他们的立法意图以法律条文的方式表达出来，法律概念是立法者表达立法意图不可或缺的重要工具。同时，在法律适用过程中，无论是原告书写诉状、被告书写答辩状，还是法官书写判决书等法律文件，都离不开法律概念。

2.法律概念是正确适用法律的前提

由于法律概念是人们在法律实践过程抽象概括出来的，具有专业性、抽象性和概括性的特点。一个完整的法律条文通过数个法律概念来表达，只有正确认识条文中各个法律概念的具体含义，才能准确理解和认识法律条文的真实含义，否则就会导致误解甚至歪曲立法者的立法意图，从而无法正确适用法律。

3.法律概念是完善法律的重要方法

法律概念既是制定法律时必须使用的重要工具，也是法律在适用过程中不断得到完善的重要方法。正如人无完人，再好的法律也会有缺陷，如法律语言的模糊不清、因各种原因导致的法律漏洞等。对于这些问题，我们可以通过运用法律概念来提高法律的科学化程度，使法律自身存在的问题得到不断改进和完善。比如，我们可以用更为清晰易懂的法律概念来界定那些模糊的法律语言；可以在法律解释中用专业化的法律概念去弥补法律漏洞。

二、法律规则

法律规则是法的最主要构成部分。所谓规则，用英文表达是“rule”，它是关于人们行为的准则、标准，日常生活中称之为规矩。从广义上说，规则与规范同义，“规范”这个词来自拉丁词“norma”，其最初的意思是“角尺”或“重垂线”，也就是用来使制造的工件符合尺寸的手工器械。应用到人的行为上，规范就成了调整人们行为的工具和检验标准。

（一）法律规则的概念和特征

1.法律规则的概念

自人类社会产生以来，规则就是维系人类生存繁衍的基本因素之一，凡是有社会的地方就必定有与这个社会相适应的某种规则存在。人们常说“无规矩不成方圆”，这句话道出了规则对于人类生活有序化的重要性。在人类生活中存在着各种各样的规则，比如，人与人交往当中的礼仪规则、生活中形成并为人们共同遵守的道德规则、各种组织和团体的活动规则等。所有这些规则结合在一起，就成了一种维护社会稳定发展的重要力量，它们相互补充、相互配合，共同构成一个有机的规则系统，维护着社会的安定，保障人类的生存和发展。

法律规则是各种规则中的一种重要社会规则。相对于其他规则而言，法律规则具有最高的权威和最终的效力，当其他规则与法律规则相矛盾而产生冲突时，应以法律规则为准。法律规则是规定法律的权利和义务、职权和职责的准则，也是赋予某种事实状态以法律意义的标准。

2.法律规则的特征

法律规则作为一种有权威和有效力的准则、标准，是任何组织和个人行动的指南，违反后会承担应有的法律后果，甚至受到相应的法律制裁。可见，法律规则具有一般性、强制性等特征，它是一种特殊的社会规则。

（1）法律规则的一般性特征

法律规则的一般性即法律规则的普遍性，法律规则针对一般人，而非针对特定或具体的人。如法律规定“驾驶机动车，应当依法取得机动车驾驶证”。正因为法不是为某个人而制定的，所以具有普遍适用性的特点，亚里士多德说：“法律始终是一种一般性的陈述。”同时，由于法律规则的一般性特征导致法律规则具有可反复适用的特征，也就是说法律规则不是只适用一次以后就不再适用了，无论何人，只要符合法律规则的适用条件，在该规则未失效之前，在其被适用之后都可以再次被适用。

（2）法律规则的强制性特征

法律规则作为法的主要构成部分，具有法所具有的特征，即强制性。法的强制性主要是通过法律规则体现出来的，所以法律规则的强制性特征是使其不同于其他规则的关键之处。法律规则的强制性主要表现在：当出现与法律规则内容不相符合的行为时，就会产生相应的法律后果，受到法律的制裁，这种制裁是以国家武力为后盾的，由国家强制力作保障。

（3）法律规则的应然性特征

规则有自然规则与社会规则之分，法律规则属于社会规则。自然规则是自然科学研究得出的结论或命题，是描述现存世界的实然规则，如“万有引力定律”“生物进化论”。自然规则是对自然现象的描述，有“真”与“假”的区分，只有与自然事实相符合的规则才是真实的，否则就是假的，就会被真实的规则所驳倒。然而，社会规则不一样。社会规则是经验性的社会研究对事实所作出的一种判断，然后将这种判断形成一种规则，这种规则只是表明判断者本人或其代表的社会大多数人的判断。如果有人违反了这种规则，那也只是表明他的行为不符合规则，但行为本身没有“真”与“假”之分。

法律规则只是对人们行为提出的一种应然性要求，即人们应该按照法律规则规定的内容去从事相应的行为，如果人们的行为不符合法律规则的内容，即使其行为是客观真实的，也要承担一定的法律后果，因为只要满足法定的构成要件，某一行为就会产生特定的法律效果。

另外，法律规则还具有可操作性和确定性的特征。法律规则的可操作性是指裁判机构可以直接以法律规则为依据明断是非，对有关纠纷做出相应裁判，从而使法律规则成为法院判决的根据。确定性是指法律规则的内容是明确具体的，而不是抽象模糊的，人们可以根据法律规则的内容预测行为的法律后果。当然，法律规则的确定性是相对而言的，即在一定条件下来说某条规则是确定的，但在另一条件下该规则却有可能变得不确定而产生歧义。可见，法律的确定性是一种相对的确定性，而不是绝对的确定性，这是由法律语言的特点决定的。对于这个问题，需要通过法律解释加以解决。

（二）法律规则的类型

法是以权利义务为核心的行为规范。因此，权利义务规范就构成法律的主要内容，由此，我们可以把法律规则分为授权性规则和义务性规则，也有少数规则既授予权利又设定义务，即权义复合性规则。在现代社会，保护权利是法律的精神和首要目的所在，法律设定义务也是为了权利的实现，义务的履行是为权利的实现服务的。如果没有谁去履行义务，就无法实现权利，所以法律设定义务是实现权利的前提条件。哈特称设定义务的规则为“第一性规则”，授予权利的规则为“第二性规则”。

1.授权性规则

法律以保护人们的权利为核心，授予权利是实现法律精神和目的的最直接的手段和方法。授权性规则就是授予人们以行为选择自由的法律规则，根据这种授权，权利人不仅自己可以从事或不从事某种行为，还可以要求他人从事一定行为或不从事一定行为。这类规则一般使用“有权”“可以”“有……权利”“有……自由”等词语来明确表述。

2.义务性规则

权利与义务二者的关系是目的与手段的关系，权利的实现是目的，义务只是实现权利的手段。尽管如此，并不意味着义务不重要，哈特之所以称义务规则是“第一性规则”，就是由于要是离开了义务，任何权利都会化为乌有，法律必须以设定义务来规范人们的行为，对人们的行为提出要求，不管人们愿意与否。所以，虽然权利保障是法律的核心，但义务也不可轻视。义务性规则是法律的首要规则。

义务性规则规定人们不得作出一定行为或者必须作出一定行为的法律规则。相对于授权性规则而言，义务性规则对行为人来说没有选择的自由。法律上的“不得”“必须”这样的字眼都是带有强制性的规定，违反了这些规定就要受到相应的惩罚。根据义务性规则内容的不同，可以把义务性规则分为禁止性规则和命令性规则。禁止性规则不允许人们作一定行为的法律规则，也就是对人们设定了一个消极地不作出某种行为的义务。这类规则一般使用“禁止”“不得”“严禁”等词语来明确表述。

命令性规则就是要求人们作出一定行为的法律规则，也就是对人们设定了一个积极地作出某种行为的义务。这类规则一般使用“应当”“应该”“必须”“有……义务”等词语来表述。

授权性规则和义务性规则构成了法律规则的绝大部分，另外还有少部分权义复合性规则，即既授予权利又设定义务的法律规则。这类规则兼具授权性规则和义务性规则的双重性质。之所以会出现这种情况，是由于看问题的角度不同。从一个角度来看，它授予当事人以某种权利，当事人有从事或不从事某种行为的自由，也有要求他人从事一定行为或不从事一定行为的自由；但从另一个角度来看，它又不允许当事人进行选择，是一种必须作出某种行为或不得作出某种行为的义务。

同类的规定还有关于国家机关及其工作人员的职权的规定。这种规定既授予国家机关及其工作人员从事某种职权的权利，即获得授权的国家机关及其工作人员可以做出一定行为或要求他人做出一定行为，同时这种规定也是一种职责，是一种必须履行的义务。国家机关及其工作人员如果怠于履行这种职责或不适当地履行职责，就构成了违反法定义务的行为，就要承担相应的法律责任。

上述法律规则的分类是从法律规则的行为模式的角度来划分的。另外，如果从法律规则的效力角度来划分，可以分为任意性规则和强行性规则，这种分类与前面所谈到的分类实际上没有什么区别，只不过是角度不同而已。任意性规则相当于前述权利性规则，强行性规则相当于前述义务性规则。因此，这里不再赘述。

三、法律原则

法律的构成要素中，法律规则是大量且主要的要素，但法律原则并不因其数量少于法律规则而变得不重要。法律原则是构成法律要素的重要组成部分。

（一）法律原则的含义及其识别

1.法律原则的含义

任何事物的构成既包括具体的要素或成分，也包括组成该事物并统领各具体要素的基础性要素，这种基础性要素对于事物的形成具有指导和决定性意义。前述法律规则是构成法的大量且具体的要素，但这些规则之所以能结合在一起形成一个完整的法律文件，是因为它们有着共同的基础和指导思想，这些用文字加以表述，就形成了一种法律原则。

法律原则是法律的基础性原理，是法律规则存在的前提性法律规范。如《中华人民共和国民法典》（以下简称民法典）“法律地位一律平等”原则等。我们在日常生活中有句话，即“做事情要讲原则”，此话中的隐含之意就是原则是行动的指南，是必须遵守和坚持的基本准则，意味着放弃原则就会犯错误。法律原则作为法律的基础性原理，也是一切法律行为所必须坚持的准则。沃克认为，法律原则是法律推理所依赖的前提，不断地、正当地适用于比较特别和具体的规则解决不了的或不能充分、明确解决的待决案件的一般原则。可见，法律原则的意义是十分重大的。每一部法律一般都会在其总则中规定该法的基本原则，然后再根据这些原则去制定其他具体的法律规则。

“原则”二字在法学中应用非常普遍。包括宪法在内的其他各个部门法都有各种各样的原则。然而在语言使用上，“原则”概念并不十分清晰，有时原则指构成法律秩序的中心原理或基本结构，如宪法的基本原则，此时原则就与具体化该原则的各种详细与具体的规定成为对比，如相对于“权力分立原则”，就有行政、立法、司法的三权分立与制衡形态，这些形态皆由更具体的宪法条文来作进一步规定；有时原则指内容上抽象程度较高的法律规定，此时原则就与内容比较具体的规则形成对比，如“诚实信用原则”，相较于其他的民法规定，该原则的内容比较抽象，单从该原则很难得出具体案例的判断标准。

2.法律原则的识别

法律原则有很多，各个部门法都有其相应的原则，如宪法中有“权力分立原则”“法治原则”；民法典中有“自愿原则”“公平原则”“诚信原则”；刑法中有“罪刑法定原则”“法律面前人人平等”等。这些林林总总的原则，其性质并非完全相同，有的原则可以直接适用于司法过程中，成为法官裁判案件的直接依据，如“罪刑法定原则”；而有的则只是法律秩序的一般原理和精神内核的抽象概括，其本身并不能直接适用于司法过程中，只是具有指导性意义，如“法治原则”。另外，并不是所有法律原则都明文规定在法律条文之中。虽然大多数法律原则都是明文规定在法律条文中的，但有的法律原则是从法律的精神和宗旨中概括总结出来的，如“任何人不能从自己的错误行为中获利”的原则。所以，法律原则有“明示原则”和“默示原则”之分，前者就是明确规定在法律条文中的原则，后者是根据某些法律精神或理念提炼出来的。

如何识别法律原则，其判准有三个向度：规范向度、客观道德基础、融通既往法制。这三个向度分别指示了法律原则存在的场所，即规范体系；承载道德诉求的法律价值观、法律理念，即法律内部所持的价值评价与外部社会道德观念的接壤地带；作为规范—事实结合体的既有判例、历史传承的法律格言，以及沿袭已久的社会道德习惯。法律原则的存在场所如此广阔，这既给法律原则提供了大量的生存空间，又给我们识别法律原则带来了一定的挑战与困难。

同时，人类语言具有抽象和不确定的特点，伽达默尔说过：“没有一种人类语言能以完善的方式表达我们的精神。”法律语言的表述有时是模糊不清的，带有许多的不确定性，如“显失公平”“善良风俗”“正当法律秩序”等。这些术语的含义都是不固定的，不同的人对它们可能有不同的理解，因而容易产生歧义。有时它们与法律原则相类似，有时却又被当作一种规则适用。要识别一个法律原则，首先要从法律条文的字面去寻找。一般来说，大多数法律原则都可以从法律的字里行间找到，对于这种法律原则，我们都较容易识别；对于那些存在于法律价值观念和社会道德习惯中的法律原则，相对来说就较难识别了。对于这种情况，要求我们具有较深的法学理论功底，只有在深刻领会和把握法律的精神实质的前提下，才能找到答案。

（二）法律原则的特点

从前述对法律原则的概念分析可以看出，法律原则有着不同于法律规则的特点。

1.法律原则的高度抽象性

与法律规则相比，法律原则是一种十分抽象的法律规范。由于法律原则是对法律精神的提炼和概括，是用高度精练和概括的语言来描述和表达的，所以法律原则都十分抽象。正因为法律原则的抽象性特点，它不同于具体的法律规则那样具有可操作性，其直接适用性也比法律规则要弱得多。法律原则一般都是提出具有宏观意义的指导，而不是微观层面的具体运用。

2.法律原则的广泛适用性

与前一特征相联系，正因为法律原则的抽象性，使其具有广泛的适用性。法律原则是对社会关系的高度抽象和概括，它比法律规则能容纳的具体事项更为广泛，其适用范围也远远超过法律规则。由于法律规则的明确性和具体性特点，它只适用于那些符合其要求的特定事件和行为，这就把法律规则的适用范围局限在了一个狭小的空间之内，而现实生活中每天发生的事件都不一样，那些不符合该规则要求的事件和行为就被排除在其适用范围之外。相反，法律原则使用的是高度抽象和概括的语言，是对某一类事件和行为的类型化，其适用范围就像一个大框，覆盖面广，能包容属于该类型的各种具体事件和行为，这就大大增强了其适用的范围。

3.法律原则的相对稳定性

法律原则的高度抽象性和广泛适用性，使其能适应各种不断变化的情况，即使社会形势与以前相比发生了显著变化，它也能以其广泛的包容力和适应性去应对新的情况，而不必对法律原则加以修改。而法律规则的明确性和具体性就缺乏这样的特点，面对新的情况，在做出修改之前，就显得无法适应。所以，法律原则较强的适应性就决定了它具有相对于法律规则而言更大的稳定性。

（三）法律原则的功能

1.法律原则的弥补功能

法律原则的弥补功能可以弥补法律规则的不足。法律原则的弥补功能是由其相对于法律规则的上述特点决定的，这些特点也是法律原则相对于法律规则的优越性所在。法律原则的抽象性和概括性使其具有比法律规则更为广泛的覆盖面和更灵活的适应能力。当某一特定案件因法律规则的具体性而找不到可以适用的恰当规则时，可以用涵盖该规则的法律原则，从而弥补法律规则的局限性。生活中的实际情况每天都在变化，而法律又具有相对稳定性，再加上立法者在制定法律时受主客观因素影响，不可避免地出现需要法律解决却找不到相应法律规则的情形，从而出现法律漏洞。因此，立法并非一劳永逸的事情，裁判案件的法官无法始终从法律文件中找到解决问题的现存答案，当出现法律漏洞时，就需要法官灵活主动地运用法律原则来弥补法律规则的缺陷，否则就无法完成司法者的使命。

2.法律原则的导向功能

法律原则的导向功能表现在三个方面。一是当法律的含义有多种解释而出现分歧时，法律原则对于确定法律的含义具有指导意义。一个法律条文有多种解释的情况主要是由于法律语言的模糊性引起的，这可能导致每个人对其理解不同而产生分歧；同时，由于每个人的价值观和法哲学态度不同，对同一词汇即使表面上看来意义是明确的，也可能得出不同的解释结论。如“公园内禁止车辆通行”的规则，对于该规则中“车辆”的解释可能因人而异。有人说“车辆”是指一切带轮子的器具，包括除草车、儿童手推车和玩具车；也有人说“车辆”指的是一切机动车；还有人说“车辆”指的是汽车和卡车等机动车，不包括救护车、自行车、儿童手推车和玩具车。对于这种情况引起的争议，可以通过法律原则的适用解决分歧，在具体情况下作何解释不能一概而论。二是当一个案件出现有几种判决结果可能性时，法律原则对于确定最终的判决结果具有指导作用。三是在执法、司法等法律实践过程中，法律原则可以确保法律的准确适用。因为法律原则体现了法律的精神实质，在法律适用过程中深刻领悟了法律原则的内涵，就能提高在具体情况下适用法律的准确性。

3.法律原则的裁判功能

法官裁判案件一般以法律规则为依据，但在特殊情况下，法律原则却成为法官裁判案件的重要依据。法律原则的裁判功能就是在缺乏法律规则或运用法律规则会导致不公正结果的情况下，运用法律原则去裁决案件的功能。法律原则的裁判功能体现在两个方面。一是在缺乏法律规则的情况下，即法律对特定案件没有明文规定或规定模糊不清，出现了疑难案件，这时可以用法律原则来解决案件。二是当运用法律规则裁判案件会产生不公正结果时，可以运用法律原则进行裁判以确保法的正义精神得以实现。

第三节　法的效力

法律是人类为了维持社会秩序，用以调整人与人之间关系的一种社会规范。法律要达到其所希望的目的，就必须得到其管辖范围内的人们的服从和遵守，否则它就起不了任何作用。也就是说，法律要达到调整人与人之间的关系、维持一定社会秩序的目的，就必须使人们遵守它，使人们都按照法律的指引去从事相应的行为和安排自己的生活。这就涉及法的效力问题。法的效力首先涉及的是它的含义和表现形态以及法的效力类型。

一、法的效力的含义及其表现形态

社会生活中存在着各种各样的社会规范，每一种社会规范都对其成员具有相应的效力。法律规范作为区别于其他社会规范的一种特殊规范，其效力也与其他社会规范不同。

（一）法的效力的含义

从字面上看，规范的效力就是指规范的约束力或拘束力。作为人类社会发展过程中出现的一种社会现象，社会规范都是为了调整人们的行为以维持一定的社会秩序而存在的。为此，任何社会规范都对其成员具有一定程度的约束力，但不同性质的社会规范的约束力的含义是不一样的。道德规范的约束力是通过舆论的力量对人的内心造成一定影响，从而产生一种约束力，违反道德规范的人不会受到人身或财产上的损失；大多数习惯规范的约束力也主要是一种舆论和心理上的影响，但部分地方的习惯规范有时会对人身和财产产生影响。但法的约束力是不一样的，它是由法的性质和特点所决定的。①

法的效力就是法的约束力或拘束力。如果人们说一条法律规范是有效的，这就意味着这条法律规范对于它所指向的那些人具有约束力。法具有效力就意味着法对一定范围的人或组织在一定时间之内具有拘束力。从法生效之后到失效之前这段时间内，属于法管辖范围内的个人和组织都必须遵守和服从法律。个人和组织必须遵守和服从法律又意味着法对个人和组织具有强制性的力量，要求个人和组织必须按照法的内容活动，即按照法的规定去享有权利或按照法的规定去履行义务：合法的行为会得到法的肯定或受到法的保护，违法的行为就会得到法的否定或受到法的制裁。

可见，法的效力指的是法律上特有的一种约束力，即法所具有的国家强制性的作用力和影响力。

---

① 全国演出经纪人员资格认定专家编写组.思想政治与法律基础[M].2版.北京：中国旅游出版社，2023：33-41.

（二）法的效力的表现形态

一般情况下，法的效力所具有的国家强制性的作用力或影响力只是一种潜在的力量。也就是说，法的这种潜在的力量并不一定每时每刻都发生作用，只有具备一定条件的时候它才会正式体现出来。如现行《中华人民共和国刑法》（以下简称刑法）是有效的，其中规定犯抢劫罪就要被判处刑罚，人们应当遵守它，否则就会受到刑事制裁。但刑法的这种强制性力量只是作为一种备用的威慑力存在，在没有人实施抢劫行为时，人们并不会看到它的威慑力在何处，只有在某人因犯了抢劫罪而受到刑事制裁时，它的强制性力量才会体现出来。因此，在具体案件发生之前，法的效力是作为一种潜在力量存在的，当具体案件发生的时候，它就体现为一种现实的力量。

当我们说具体案件发生的时候法的强制性力量才体现出来，并不意味着当人们遵守法律而没有发生具体案件、法的强制性力量没有体现出来时，法就没有效力。人们由于遵守法律而不会受到法律制裁的情况下，法也是有效力的，只不过在这种情况下法体现的是一种静态的效力。当人们由于违反法律而受到法的制裁时，法体现的是一种能动的效力。由于守法是多数的和经常的，因而法的静态效力是法的效力存在的常态，而违法是少数的和偶然的，因而法的能动效力是法的效力的非常态。

法的效力表现形态的不同反映了从书本上的法到行动中的法的变化。书本上的法指的是将有可能得到执行和实施的法，行动中的法指的是已被应用在具体案件中而被实际执行的法。法的效力从静止状态到能动状态的变化过程就是一个从书本上的法到行动中的法的转化过程。促进这种转化的正是具体案件的发生，如果没有发生具体的案件，那么法的效力就只能作为一种潜在的力量存在着。

书本上的法与行动中的法并非存在固定的界限，而是在不断变化着的。马考利教授认为，书本上的法按其效果排列可以分为三种：从来没有得到执行的法，有时得到执行有时又没有得到执行的法、从来都没有得到执行的法。即使是一个很少被执行或从未被执行的法律，也是一个潜在的法律。当环境改变时，以前一个没有被执行或没有被充分执行的法律也可能被作为法律资源而加以利用。可见，书本上的法随时都有可能被转化为行动中的法。这就意味着法的效力也是随时都有可能从静止状态转变为能动状态，从潜在的法转化为现实的法。这时，法的强制性作用力和影响力就得以发挥出来。法的效力的这种转变是法的拘束力的不同表现形式。大多数情况下，人们都是按照法律的规定从事活动，即依法享有权利和承担义务，这是法的拘束力的一种表现形式；那些违反法律的人，即没有依法履行法律强制性规定的人，就会受到法律的惩罚和制裁，这是法的拘束力的另一种表现形式。当法得到人们的遵循和当违法行为受到法的制裁时，法的内容就得到了切实执行，我们将这种情况称为法的实现。

法的效力与法的实现之间存在着一种因果关系，即法的效力是法的实现的原因，法的实现是法的效力的结果。由于法的效力而使法具有拘束力，它要求人们应当按照法的要求去从事相应的行为。如果某人摆脱法的拘束去从事法所禁止的行为，就有可能侵害他人或社会受法律保护的权利，给他人或社会带来一定损害，违法者就要承担一定的法律责任。当违法者因违法而承担法律责任时，就是法的实现。而违法者之所以要承担法律责任，是因为他摆脱法的拘束力去从事违法行为，给他人或社会的合法权利带来了损害。可见，法的效力是原因，法的实现是结果。

我们都知道，法的内容事实上并不一定能得到完全的实现。只要有违法行为发生，合法的权利就可能受到侵犯，法所希望维持的良好秩序就会被打破；另外，那些实施违法行为的人也未必会受到惩罚和制裁，总会有个别违法者由于种种原因而逍遥法外。这些情况都是一种客观的社会事实，我们把这种情况称为法的实效，即法在客观上得到遵守或被违反的实际效果。法的实效是法的效力的表现形式，法的效力是法的实效的存在前提，只有现行有效的法才会发生法律上的实际效果，已经失去效力的法律和尚未生效的法律都是不会发生法律上的效果的。

二、法的效力的类型

法的效力要通过对人们的行为发挥作用力和影响力才能得以实现。法律作为一种社会规范存在，其有效性植根于社会现实之中。如果一项有效的法律设定了义务或禁令，那么就要求人们服从它；如果它授予人们以权利或其他组织以权力，那么这些权利或权力就应当得到尊重与保护。无论是设定义务还是授予权利或权力，都是法的效力对人们行为提出了一定的要求。而人的行为发生在一定的时间和空间之内，所以法的效力也就发生在一定的时间和空间中。法的效力问题具体就是在什么时间、什么空间对什么人有效的问题。由此，我们可以将法的效力分为以下几类：法的对象效力、法的时间效力和法的空间效力。

（一）法的对象效力

法通过调整人与人之间的相互关系以便达到维持一定社会秩序的目的，这就说明了法所针对的是人的行为。尽管法要调整人与人之间的相互关系，但人们之间的关系是通过一定的行为表现出来的，因此，法首先针对的就是人的行为。马克思曾指出：“对于法律来说，除了我的行为以外，我是根本不存在的，我根本不是法律的对象。”而人的行为是通过人实施的，因此，我们这里讨论法的对象效力就是指法对哪些人有效的问题。当然，法学上所讲的人不仅包括基于出生而具有生命的个体，即自然人，还包括法人或其他组织。

由于各个国家考虑问题的侧重点有所不同，因此，各个国家在法的对象效力问题上采取了不同的做法。有的国家认为，本国制定的法律对本国所有人都有效，即只要是本国公民或组织，无论是在本国领域内还是在本国领域外，本国法都对他们有效。这种做法是以国籍为标准的，因此，我们把这种做法称为属人原则。按照这种原则，本国的法律只对本国公民或组织有效，而对外国人或外国组织就无效了。但是，当遇到外国人侵犯本国国家利益或个人利益时，属人原则就不能适用，这显然不利于保护本国的利益。

因此，有的国家一般不采用这种做法，认为只要在本国领域之内，无论是本国人还是外国人，本国法都对他们有效。这种做法是以地域为标准的，因此，我们把这种做法称为属地原则。但是，按照这种原则，只有发生在本国领域内的违法行为，才能适用本国法律，如果有人在本国领域之外侵害本国国家利益或个人利益，那么属地原则就不能适用；即使是本国的人，如果在本国领域外违反了本国的法律，属地原则也不适用于他们。这显然也不利于保护本国的利益。

于是，有的国家采取另外的做法，认为只要是侵害了本国国家利益或其他个人或组织的利益，无论实施侵害者是本国人还是外国人，无论在本国领域内还是在本国领域外，本国法都对他们有效。这种做法是以保护本国利益为标准的，因此，我们把这种做法称为保护原则。按照这种做法，不管是具有哪个国家国籍的人，也不管违法行为发生在什么地方，只要违反了本国的法律，侵害了本国的利益，本国法律都可以适用。但是，这种做法实施起来有时可能会出现比较难办的情况，在特殊情况下完全采取这种做法有可能导致诸如外交冲突等问题。比如，按照国际惯例，享有外交特权和豁免权的人不受外国法律的约束，如果一个国家要强行对享有外交特权和豁免权的人适用本国法律，这有违国际惯例，就可能发生外交上的矛盾和冲突。

所以，有的国家综合以上几种做法，采取折中的做法，我们称之为折中原则。这种做法一般是以属地原则为基础，即在本国领域内，无论是本国人还是外国人，一般都适用本国法，然后在这个基础上，遇到特殊情况就进行特殊处理。如有关婚姻、家庭等特殊问题，使用行为者本国的法律，即以国籍为标准而不以地域为标准；另外，对于享有外交特权和豁免权的人，按照国际条约和国家惯例，适用他们自己国家的法律，而不适用本国的法律。

中国现在也是采取折中原则。按照这种原则，一般来说，在中国领域内的中国人和外国人都要适用中国法，但对于中国人和外国人又有所不同。对于中国人而言，他们凡在中国领域内都一律适用中国法，在中国领域外仍然受中国法的保护，履行中国法设定的义务，如纳税的义务等，同时也要遵守所在国的法律。如我国刑法规定："中华人民共和国公民在中华人民共和国领域外犯本法规定之罪的，适用本法，但是按本法规定的最高刑为三年以下有期徒刑的，可以不予追究。"如果其所在国法律已经对其追究法律责任，我国法律仍然对其有效，但根据我国刑法规定，这种情况下可以免除或减轻处罚。如果中国人在中国领域外，出现了中国法与其所在国法律不一致的情况，由于涉及国家主权等问题，这时要按照国家之间签订的国际条约或国际惯例处理，既要维护中国的国家主权，又要尊重所在国的国家主权。

对于外国人而言，依据其是在中国领域内还是在中国领域外分为两种情况处理。一是外国人在中国领域内的情况，这时一般都要适用中国法。但是有些中国法所规定的权利外国人不能享有，如选举权；有些中国法所设定的义务外国人也不需承担，如服兵役的义务。另外，如果是享有外交特权和豁免权的外国人，他们的刑事责任一般不通过法律途径而是通过外交途径解决。二是外国人在中国领域外的情况。外国人在中国领域外对中国或者公民犯罪，而按中国刑法规定的最低刑为三年以上有期徒刑的，可以适用本法，但是按照犯罪地的法律不受处罚的除外。意味着只有同时满足中国刑法规定最低刑为三年以上，同时外国法也认为是犯罪的这两个条件，才能适用中国法。

（二）法的时间效力

法的时间效力是指法在什么时间期限内有效。具体来说，法的时间效力分为法什么时间开始生效、什么时间失去效力、法颁布实施之后对其生效之前的事件和行为是否有效三方面内容。

法什么时间开始生效即法的生效时间，指的是法从何时开始发生约束力。一般可分为三种情况：①法自公布之日起开始生效。②法公布之日并不立即生效，而是依照法所明文规定的具体时间为生效时间。这是为了在法颁布后给社会上的个人或其他组织学习、了解法的内容的机会，在做好法实施所需要的各种准备工作后才开始生效。③法公布后到达一定期限生效，即法公布时确定了一个时间段，该时间段届满后该法就开始生效。

法什么时间失去效力即法的失效时间，又称为法的废止，指的是法从何时不再具有约束力。通常有明文废止和默示废止两种形式，具体而言，一般可分为四种情况：①新法公布实施后，原内容相同的旧法即自行废止；②新法制定时明文规定了其有效期限，期限届满时，该法即自行废止；③新法中明文宣布与该新法内容相同的旧法失去效力；④由有权的国家机关颁布决定、命令等宣布某法失效。

法颁布实施之后对其生效之前所发生的事件和行为是否适用的问题就是法的溯及力。众所周知，法对人的行为具有指引作用，但法只有在其颁布实施后方为人们所知晓，也只有在人们知晓法的内容后才能使其起到指引人的行为的作用，在法尚未颁布实施的情况下，人们根本无从知道法的内容是什么，也就谈不上要求人们按照尚未颁布实施的法去从事相应的行为。因此，法只对其颁布实施之后发生的事件和行为才有约束力，对其颁布实施之前发生的事件和行为不应有约束力。但这只是法的溯及力的一般原则，这个原则并不是绝对的，现实中法的溯及力一般有五种情况：①从旧原则，新法没有溯及力；②从新原则，新法有溯及力；③从轻原则，比较新旧法，按照处罚较轻的法处理；④从新兼从轻原则，新法原则上有溯及力，但如果旧法处罚较轻则按旧法处理；⑤从旧兼从轻原则，新法原则上没有溯及力，但如果新法不认为是犯罪或对行为处罚较轻时，适用新法。当代中国法的溯及力也适用从旧兼从轻原则，在特殊情况下法也可以溯及既往。

法的溯及力一般涉及的是实体法，不溯及既往是一般原则，溯及既往只能是个别特例，必须由法律特别规定，不能由执法者或司法者自行定夺。就程序法而言，则不受不溯及既往的限制。

关于法的溯及力问题，因程序法和实体法的不同而有所不同。一般认为，实体法原则上不溯及既往，而程序法原则上具有溯及力，在新程序法生效时尚未处理的案件，均应采取程序从新原则，依照新程序法处理。也就是说，程序法溯及既往的对象必须是审理中的案件，即程序性的事件和行为，而不是所审理案件涉及的实体事件和行为。

（三）法的空间效力

法的空间效力是指法在哪些地方有效，即法在什么区域范围内具有拘束力。法总是在一定的领域范围内发生作用，作为国家主权的体现，法的空间效力是以国家主权范围为标准的，所以法应当在一国主权范围之内具有效力。

但根据法的制定主体的不同，法的空间效力具体有以下几种情况。

1.法在一国主权范围内的任何地方都有效

国家主权所覆盖的全部领域，即全部领陆、领空、领水和底土，也包括延伸意义上的领域，即该国驻外使馆和在境外飞行的飞行器或停泊在境外的船舶。这样的法是那些由中央国家机关制定的法。在我国，包括全国人民代表大会制定的宪法和法律、全国人民代表大会常务委员会制定或修改的法律、国务院制定的行政法规和国务院各部委制定的规章。需要注意的是，并非所有中央国家机关制定的规范性文件都一定在全国范围内有效，有些中央国家机关专门针对某个地方制定的法律就只在该地方有效，在其他地方无效。

2.法在一国局部地区有效

这种局部地区有效的法律有的是由中央国家机关制定，有的是由地方国家机关制定。中央国家机关制定的如特别行政区法、民族区域自治法等；戒严法也只是在实行戒严的地方生效。地方国家机关制定的法规和规则都只在本地方有效，在其他地方都不发生效力，如有地方立法权的各省、自治区、直辖市人民代表大会及其常务委员会制定的地方性法规、地方规章、自治条例、单行条例等。

3.法在一国主权范围之外具有域外效力

这种法主要是那些涉及民事、贸易和婚姻家庭方面的法律。一国法的域外效力一般由该国法加以明文规定，或由国家之间签订的条约加以确定。法之所以具有域外效力主要有两方面原因：一是为了维护国家主权的需要；二是按照国际惯例，某些方面的法以国籍为标准，即使该国公民到了域外，仍然适用其本国的法律。

第二章　法的演进与作用

第一节　法的演进

一、法的起源

（一）关于法的起源的有关争论

在法学上，关于法的起源先后出现过许多理论，其中影响较大的有以下三种。[①]

1.契约说

契约说的起源可以追溯至古希腊时期，但在资产阶级革命时期才成为占据主导地位的理论。人类在进入政治社会之前处于自然状态，靠自然法来调整社会关系。出于对安全需求的更高要求，人们订立了社会契约，放弃某些权利以组成国家，法律本身即社会契约的具体化。这一学说在近代史上发挥了巨大的革命作用，是批判王权和等级特权的有力武器，也是近代资产阶级民主观、人权观和法律观的理论基础。

2.发展说

发展说的内涵包括以下两种学说：①人的能力发展说。该学说认为随着社会的进化，人的能力不断发展，如火的发现、工具的发明以及社会关系的复杂化，因而需要法。②精神发展说。德国哲学家黑格尔认为，绝对精神在自然界产生之

① 胡雪梅，李中衡.推开法学之门法学学业规划与就业指南[M].北京：中国民主法制出版社，2023：15−23.

前就已存在，绝对精神发展到自然阶段才有了人类，人类精神的发展产生了法。民族精神论者提出法来自民族的精神或历史传统。

3.服从说

服从说认为任何社会都有两种人：一种是英雄和强者，属少数；另一种是普通人，构成多数。普通群众在本性上有服从强者支配和引导的心理需要。国家和法都是这种心理规律的必然结果。

以上三种学说中，契约说的全部推论建立在“自然状态”这一概念之上。自19世纪后期开始，人们对原始社会的研究完全否定了“自然状态”的概念，契约说在法律起源这个问题上已经被推翻，再也没有什么人用它来解释法起源的历史；发展说带有生硬的唯心主义倾向，过度强调了精神的作用。

关于法的起源，马克思主义的解读强调了法的历史性、阶级性和国家性。在马克思主义法学中，法不是从来就有的，而是人类社会发展到一定阶段的产物；法作为与阶级和国家密不可分的社会现象，是在一定历史条件下产生并发展的，法的产生经历了一个长期发展的过程。

在法的起源方面，关于“法产生于何时”这一问题，一直以来也有不同的意见。主要有三种假设：第一种假设认为，法是一种产生在人类社会之前的社会现象。典型的代表即自然法学派。该学派认为，法是人类的最高理性。它不以人类社会的存在为基础，而是自然而生，不受制于任何人类的意愿。因此，法仅为良法。第二种假设认为，法是文明社会的产物。它基于国家的制定和认可，并通过国家强制力保证实施。因此，法即法律，包括了良法和恶法。第三种假设认为，法与人类社会共始终。它既先于人定法又高于人定法而存在。这是法学界通过对现今仍存在于世界各地的氏族社会的田野调查得出的“原始社会即存在法”的结论。因此，无所谓良法与恶法。

综合来看，学术界关于法起源争论的焦点，其实在于对法的定义标准不一致。客观来看，正是由于对法律的扩大性理解才打破了长期以来在法的观念方面只存在一家之说的局面。法律多元化提供了研究的不同视角，推动了法学研究向多元化方向发展。所以，无论在同一问题上有多大的分歧，都有共识的基础。因此，我们将法和法律予以区分，为厘清法在文明时代的出现和存在形式，只以“法律的产生”为脉络进行讨论。

（二）原始社会的社会组织与社会规范

1.原始社会的社会组织

原始社会是人类发展史上的早期阶段，生产力水平低下，生产工具简陋，在绝大部分时间里使用石器。采集和狩猎是获取生活资料的主要方式，到了原始社会晚期，人类才学会靠人类的活动来增加天然产物，即学会经营畜牧业和农业。在原始条件下，一个人的劳动所得在用于消费后没有剩余，剥削他人劳动是不可能的，而且个人的生产能力和生存能力不足以独立应对自然和外族的压力，只有依靠集体，才能谋求生存与发展。由此，共同占有、共同劳动、平均分配的原始共产制就成为唯一可能的经济形态。

与原始社会的生产方式相适应，原始社会没有阶级的划分，也没有与之相联系的各种政治、经济组织，唯一的社会组织就是原始公社。原始公社在经历了漫长的原始群和血缘家庭阶段后，出现了氏族公社。氏族公社的产生虽然较晚，但它却是原始社会最典型的社会组织形式。氏族是原始人以血缘关系为纽带而形成的内部禁止退婚的亲属集团。

作为一种社会组织，氏族具有以下特点：其一，氏族完全按血缘亲属关系来划分和组织居民。在氏族社会中共同生活的人们同属于一个大家族。这与文明社会按地域来划分和管理居民完全不同。其二，氏族组织内部实行原始的民主管理。全体氏族成员所组成的氏族大会讨论决定氏族社会的一切重大问题，氏族首领由选举产生，随时可以撤换，只负责处理内部日常事务和领导对外战争，没有任何特权。不仅如此，氏族首领还要和其他氏族成员一样平等地参加劳动和分配。因此，氏族社会中没有专门从事管理的、凌驾于社会之上的特殊公共权力，没有系统地采用暴力和强迫人们服从暴力的特殊机构。其三，在氏族社会存在的绝大部分历史时期内，氏族都是一个建立在原始共产制和群婚制之上的生产单位、消费单位和社会单位。

2.原始社会的社会规范

原始社会是一个无政府而有秩序的社会。氏族组织和氏族习惯构成了调整社会关系、建立社会秩序的两种基本力量。

氏族习惯是在氏族成员长期的共同生活中自发形成的，经过世代相袭，便成为全社会公认的神圣而不可侵犯的传统。美国人类学家摩尔根曾长期在美洲易洛魁人的氏族中生活，他运用人类学特有的田野调查法，对氏族习惯进行了深入的研究。根据摩尔根《古代社会》一书的资料，易洛魁人的氏族习惯包含着十分广泛的内容。

（1）关于共同劳动、平均分配的习惯

在生产力水平低下的条件下，氏族成员把共同劳动、分工协作和平均分配食物看作是极其自然的事情。每个有劳动能力的人都自觉地参加劳动，懒惰被视为是非常可耻的行为。

（2）关于婚姻、家庭和亲属制度的习惯

在氏族中，内部成员禁止通婚。婚姻家庭形式从最初的群婚家庭发展到对偶婚家庭。在婚姻家庭制度的基础上，又形成了相应的亲属制度，对亲属关系的亲疏远近是通过不同的称谓来表明的。

（3）关于处理公共事务的习惯

氏族内部没有阶级和等级之分，重大事务由氏族成员的全体大会讨论表决。氏族首领由选举产生，可随时被撤换。任何人都必须服从集体的决定。这一切在氏族社会全体成员看来，都是天经地义的。

（4）关于财产继承的习惯

氏族成员的个人财产一般仅限于个人制造和使用的工具及少量的生活用品。按易洛魁人的习惯，死者的财产必须由同氏族人继承，由于当时正处在母系氏族时期，男子均与外氏族女子结婚并生活在妻子的氏族，故夫妻不得彼此继承财产，子女也不能继承父亲的财产。

（5）关于解决纠纷的习惯

氏族内的纠纷绝大多数由当事人自行和解或由氏族首领出面调解。如果有人严重违反氏族习惯，最重的制裁是驱逐出本氏族，而这往往意味着死亡。如果不同的氏族部落发生冲突，则用战争来解决。

（6）关于维护共同利益的习惯

维护氏族和部落的共同利益是氏族社会成员的基本道德原则。对此，每个氏族成员都自觉遵循。在他们心目中，部落、氏族及其制度，都是神圣而不可侵犯的，都是自然所赋予的最高权力，个人在感情、思想和行动上始终是无条件服从的。

（三）法的产生

1.法产生的社会背景

在法学发展史上，先后曾出现过许多回答法起源的理论。但是，只有在马克思主义产生以后，法起源的问题才得到了正确的解答。

（1）原始社会调控机制的崩溃

①原始社会末期三次社会大分工及其社会后果。在原始社会末期，由于生产力水平的提高，引起了三次社会大分工。每次大分工都大幅度地促进了生产力的发展，提高了劳动生产率，由此导致原始社会的秩序全面崩溃，并使人类进入文明社会，国家与法律也应运而生。

第一次大分工是畜牧业和农业的分工。在公元前5000年前后，金属工具开始出现，随之而来的是一些大河流域的冲积平原上出现了农业。犁耕技术和灌溉技术的使用，使农业产品丰富起来，形成了农业部落和畜牧业部落并存的格局。第一次大分工导致的社会变化，主要有：第一，出现了剩余产品和产品交换。在产品交换的过程中，动产的私有化开始在一定范围内出现。第二，劳动生产率达到一个人的劳动所得除了养活自己还略有剩余的程度。战俘不再被吃掉或是被杀掉，而是转而成为家庭奴隶。

第二次大分工是手工业和农业的分工。在生产力发展的过程中，制陶、制革、冶金、工具制作等技术达到专业化程度，手工业使劳动生产率大幅度提高，与此相适应，人口也大大增加。第二次大分工导致的社会变化，主要有：第一，奴隶劳动成为有利可图的事情，奴隶制开始形成。第二，为掠夺人口和财富，战争频繁，氏族军事首领的权力增加。第三，个体家庭开始出现并日渐代替氏族公社而成为基本经济单位，私有制正在形成。

第三次社会大分工是商业的出现。随着劳动生产率的提高和产品交换规模的扩大，以贸易为职业的商人阶级开始出现，金属货币、高利贷开始出现，部落间的贸易甚至是海上贸易也成为社会经济生活的重要组成部分。第三次社会大分工导致的社会变化是：使财富的集聚速度加快，贫富分化加剧，私有制、奴隶制和阶级分裂最终形成。

②氏族制度的解体。正如恩格斯所指，质朴的氏族制度在没有职业化的管理人员、暴力机构以及法律的情况下，靠氏族组织和氏族习惯来维持社会秩序。然

而，在三次社会大分工所带来的变化面前，氏族制度的解体就成为必然。

首先，私有制的确立摧毁了氏族制度赖以存在的经济条件。氏族制度的经济基础是原始共产制，它所奉行的原则是在生产过程中对生产资料共同占有，在消费过程中对消费资料平均分配。然而，私有制的确立，使原有的经济关系及其原则受到了彻底破坏，与私有制相伴而生的一夫一妻制家庭使氏族分裂为一个个独立的经济单位和利益主体。个人利益与集体利益高度融合的状态被彻底打破。

其次，氏族内部的阶级分裂代替了氏族制度中的平等关系。在第一次社会大分工刚刚开始时，奴隶的来源是从外族俘获的战俘。随着私有制的日渐成熟和贫富分化加剧，许多贫穷的氏族成员开始沦为债务奴隶，成为任人宰割的“会说话的财产”。原始的民主管理逐步被少数奴隶主阶级的统治所取代。

再次，分工和交换关系的发展消灭了氏族制度赖以存在的地理条件。分工和交换的发展，使氏族成员为谋生和职业的需要而分散居住在不同的地域。原有的同一氏族成员聚居一地的状态日益被普遍的杂居所取代。这样，原来维系氏族生存同时也是强化氏族成员归属感的重要方式被打破。

最后，普通的利益差别和利益冲突破坏了氏族制度中共同的行为标准，而这使得什么是共同利益、什么是正当的个人利益很难再有一个完全一致的答案。原有的氏族习惯靠社会的共同确信而维系，现在，原有的习惯哪些应予以保留，哪些应予以改变，哪些应予以废弃，已经不可能形成共识。

由于上述因素的存在，只靠当事人自觉、舆论压力、酋长的威望和没有暴力手段的氏族大会来维持社会秩序的原始的调控机制，便不能不陷于瘫痪状态。用恩格斯的话来说：“氏族制度已经过时了。它被分工及其后果即社会分裂阶级所炸毁。它被国家代替了。”

（2）国家的形成与法的产生

原始社会调控机制的崩溃与国家和法的出现是同一个历史过程，也具有同样的社会根源，它们都是三次社会大分工及其社会后果在社会调控方式上引起的连锁反应。我们知道，秩序是任何社会得以存在的最基本需要，当氏族组织和氏族习惯无力实现维持秩序的需要时，国家组织和法律规范便成为唯一可能的替代物。

三次社会大分工的历史过程，构成了法律起源的宏观社会背景，而与法律相伴产生的国家及其机构，则构成了了解法律起源的重要参照系。法律作为由国家制定、认可并以国家强制力保障实施的社会规范体系，与国家组织机构体系是相辅相成、不可分离的，两者有机结合，才能在原有社会调控机制全面崩溃的状态中实现秩序的重建。

国家与法律一样，是在氏族社会的后期逐渐形成的，具体地说，是在父系氏族公社中孕育并最终在氏族制度的废墟上形成的。

氏族公社最初的、最典型的形态是母系氏族公社。母系氏族公社是以女性氏族成员间的血缘关系为纽带而形成的社会，其最突出的特点是实行群婚制和原始共产制。在这样的社会中，国家机构与法律既是不必要的，也不可能存在。随着社会生产力的发展，在第一次社会大分工的过程中，父系氏族开始代替母系氏族。父系氏族公社的产生意味着氏族制度开始走向解体，这是因为父系氏族公社是以私有制和个体家庭为基础而建立起来的，包括奴隶在内的家长制家庭成为具有独立利益的社会经济基本单位。在父系公社中，为了掠夺奴隶和财富，军事民主制及其组织机构逐渐发展起来，氏族长老逐渐演变为氏族贵族，军事首领也从选举逐渐演变为世袭，常设武装即军队和法庭、监狱也接连出现。随着私有制和奴隶制日益成为社会结构中的主导因素，军事民主制机构最终演变为一种凌驾于社会之上的、由职业官吏所组成的、以有组织的暴力为基础的特殊公共权力，这就是国家机构。

国家组织体系的形成过程，是一个公共权力逐渐与社会相脱离、逐渐被少数人所垄断的过程，在这一过程中，那些处于形成过程之中的国家机构或已经完全形成的国家机构，以全社会代表的名义对原有氏族习惯加以取舍，认可那些与现行社会结构相一致的习惯规范，取消那些与现行社会结构不一致的习惯规范，并创制一些新的规范来调整新的社会关系，同时用有组织的暴力来保障这些社会规范得以实施。就这样，氏族社会中所没有的法律规范体系便逐渐成长起来。最终，国家的组织体系和法律规范体系完全取代了氏族组织和氏族习惯，成为建立和维持秩序的手段。

国家组织与法律规范所建立和维持的社会秩序，与原有的社会秩序有根本差别。这是一种以保护私有制和阶级统治关系为宗旨的秩序。为了压制和惩罚破坏秩序的行为，国家强制力便成为确保法律规范得到实施的重要力量。

2.法产生的基本过程

（1）法产生的基本标志及其与氏族习惯的区别

法的产生经历了一个漫长的历史阶段，它的最终形成以下述现象的出现为标志。

第一，国家。在原始社会中，人们在长期的共同生活中自然地形成了各种习惯规范，这种习惯规范存在于传统之中，既不是由某个专门从事管理的机构制定或认可的，也不是靠有组织的暴力来保障实施的。与此不同，法律的调控则意味着有一个专门机构以全社会代表的名义认可或制定的权威性行为规范；有一批组织起来的官吏负责执行这些规范；为了保证这些规范不被忽视，违反规范者会受到有组织暴力施加的制裁。这些正是国家机构所具有的特点。没有此种特殊公共权力的存在，法律既不可能被创制出来，也不可能被有效地实施。

第二，诉讼与审判。在原始社会中，没有诉讼与审判。氏族内部的纠纷由当事人自行解决，部落（由氏族或氏族组成）之间的纠纷则往往诉诸武力，以战争来解决。而与此不同，法律对社会关系和行为的调控，意味着当事人的“私力救济”被限制和“公力救济”的出现。否则，任由当事人对侵犯权利的行为自行处置，便难以在利益冲突普遍化的状态下保持必要的秩序。这就要求由一个特定的机构来行使审判权，并通过一定的诉讼程序来处理纠纷。

第三，权利与义务的分离。氏族习惯是每一位社会成员都要自觉履行的行为标准。依习惯而行事，在一般情况下无所谓是行使权利还是履行义务。正如恩格斯在《家庭、私有制和国家的起源》一书中指出：在氏族内部“权利和义务之间还没有任何差别；参加公共事务，究竟是权利还是义务这种问题，对印第安人来说是不存在的；在印第安人看来，这种问题正如吃饭、睡觉、打猎究竟是权利还是义务一样荒谬”。然而，法律对行为的调控，须以权利和义务的分离为条件，这意味着法律规范要对各种行为加以明确区分，规定出什么行为可以做、什么行为不能做和什么行为必须做；在各种法律关系中把相应的权利义务分别明确地分配给不同的法律关系主体。如果没有这种区分，法律就不能实现对各种行为的有效调控职能。

当上述三个标志完全具备时，法律起源的过程就完成了。此时，一种与国家组织体系相匹配的法律规范体系便已形成。这种新型的社会规范体系与原有的氏族习惯有着本质的不同。

第一，两者体现的意志不同。氏族习惯反映氏族全体成员在利益高度融合基础上形成的共同意志，这种共同意志也就是完全意义上的社会意志。法则是以国家意志的形式体现出来的统治阶级意志，它只是在社会中占主导地位的意志，但不是社会意志。

第二，两者产生的方式不同。氏族习惯以传统的方式自发地形成和演变，它像语言一样，不是任何人、任何机构有意地创造和选择的结果。法则是由统治阶级及其政治代表在行使国家权力的过程中，有意识地创立并对原有习惯加以选择、确认而形成的。

第三，两者实施的方式不同。氏族习惯也就是每个氏族成员自幼养成的行为习惯，它依靠当事人的自觉、舆论和氏族首领的威望来保障实施。法的实施当然也要借助于当事人的守法意识和舆论的支持。但仅有这些显然不够。法的实施还要以国家的强制力作为最后的保障，并以警察、法庭、监狱和各种强制机关作为后盾。

第四，两者适用的范围不同。氏族习惯只适用于具有血缘亲属关系的同一氏族或部落成员，法则适用于国家权力所辖地域内的所有居民。

第五，两者的根本目的不同。氏族习惯是维护共同利益、维系社会成员间平等互助关系的手段。而法则以实现统治阶级利益为首要目的，并为此建立和维护统治关系和社会秩序。

（2）法产生的一般规律

法律从无到有、从萌芽到最终形成一种基本制度，在不同的民族和社会中经历了不同的具体过程。然而，在纷繁复杂、差别明显的表象背后，却可以发现一个一般的、共同的规律。这种规律主要表现在以下几方面。

第一，法律制度是在人类社会中逐渐形成的。法律并不是与人类社会同步出现，它的孕育、萌芽和最终形成需要特定的社会条件，只有在共同利益分化为众多的个体利益并导致普遍的利益冲突，且这些冲突仅靠道德、传统和舆论不足以有效维持社会存在与发展所必需的基本秩序时，法律的产生才成为必要和可能。而社会生产力发展所导致的私有制关系、阶级分裂和原始社会调控机制的崩溃恰恰创造了法律形成的社会条件。同时，法律的形成过程也受到了国家形成过程的促进，反过来，它也确认和助长了国家组织对氏族组织的取代。

第二，法律制度的形成是通过规范调整的普遍化而表现出来的。法律萌芽之初，对行为的调整是针对个别行为采取的。例如，最初的产品交换只是偶然的个别现象，对这种关系的调整也表现为个别调整。个别调整方式和具体情况直接联系，针对性虽强，但带有较大的不确定性和不可预见性。我国古代文献上所说的“议事以制，不为刑辟”，就是这种情况。在法律调整的实践中，随着偶然的个别行为演变成比较常见的行为，个别调整所临时确定的规则便逐渐发展成为经常的、反复适用的、不只是针对个别行为而是针对同一类行为的共同规则。共同规则的形成把对行为的调整类型化、制度化为一般调整，即规范调整。规范调整的出现是法律最终形成过程的关键一环。这种规范调整形成了针对某一类行为和社会关系的稳定的调整机制，从而给处于该类行为领域和社会关系中的人们提供了明确的行为模式，这就使人们相对地摆脱了偶然性和任意性的左右，有利于社会秩序的形成和巩固。当然，由于受规范调整的具体情况千差万别，所以，在以规范调整为基础的前提下，个别调整仍然发挥着填补缝隙的作用。

第三，从习惯演变为习惯法再发展为成文法，是法律制度形成的一般过程。最初的法律规范大都是由习惯演变而来的，在法律制度形成的过程中，统治阶级所控制的国家按照现行社会秩序的需要对原有习惯规范进行甄别取舍，继承一部分习惯规范，如关于婚姻制度的习惯，在可供选择的同类习惯中取缔某些习惯并保留另一些习惯；严厉取缔那些与现行秩序直接冲突的习惯，如共同占有的习惯。在经过国家有选择的认可之后，习惯就演变为习惯法。在社会生活变化幅度较大、习惯法不足以调整社会关系时，由国家机构有针对性地制定新的规则就成为必要。这样，一个与现存社会生活条件相适应的法律制度便最终被确立起来。

第四，在人类社会的发展中，法律逐渐形成一个相对独立的规范系统。原始社会中的习惯，本身就是集各种社会规范于一体，兼有风俗、道德规范等多重属性。在国家与法律萌芽之初，法律与道德等社会规范并无明显界限。随着社会管理经验的积累和文明的进化，对相近或不同行为影响社会的性质和程度就有了区分的必要和可能，法律与道德等社会规范及其调整的行为类型开始从混化走向分化。这种分化在不同的社会所经历的过程不完全相同，但是，使法律调整与道德调整相对区分开来，却是一个共同的趋势。

二、法的发展

（一）国内外关于法的发展的相关学说

在古代西方思想家中，主张“自然法”的人认为，那种法是永恒不变的。例如，古罗马共和国末期的哲学家西塞罗就倾向于把自然和理性等而视之，并把理性设想为宇宙中的主宰力量。

在我国，关于法的发展，历史上多次出现要求“变法”与反对“变法”之争。例如，商鞅在秦变法时主张，“治世不一道，便国不必法古。”反对者甘龙则主张，“据法而治者，吏习而民安。”当然，这种争论实际上并不是争论法本身是否有变化，而是争论这种法所代表的某种制度是否需要改变。

在现代，西方法学家提出了很多关于法发展的分类学说。20世纪初，英国法制史学家维诺拉多夫曾根据社会形态的不同，将法发展划分为六个阶段：图腾社会中处于萌芽状态的法律阶段、部落法阶段、城邦法阶段、中世纪法律阶段、个人主义的法律阶段、社会化的法律阶段。这一分类法，遭到了美国法学家庞德的反对。在庞德看来，维诺拉多夫关于法发展的划分，是社会学、政治学的解释，而政治组织类型与法律类型并非一致。为此，庞德将法发展划分为五个阶段：原始法阶段、严格法阶段、衡平法和自然法阶段、法律的成熟阶段、世界法阶段。

在西方法学界，关于法发展阶段的划分，当然还有其他观点。这些分类法，各有侧重，但有一个共同的特点，即以西方社会法律发展的模式作为标准。这种分类法尽管有一定的参考价值，但也难免存在片面性。

我国法理学对法的历史发展，一般都是根据马克思主义关于历史唯物论将法划分为不同的社会形态，即奴隶制社会的法、封建制社会的法、资本主义社会的法以及社会主义社会的法。以这四种社会形态为标准的划分，通称为法的历史类型。法的历史类型不同于法的渊源的分类，也不同于一般法的分类或部门法的分类以及法系的分类，它是社会发展史上的一种分类。

（二）法的发展规律

在人类社会的演进过程中，社会的组织性和秩序性的深层需求，促成了法的产生，从这个角度来说，法本身就是社会演进的产物。法自产生后，时刻履行着服务于社会生活需要的职责，这也决定了法必然随着不断变化的社会而不断演进。当然，法作为一种社会存在物，它的演进也不是依靠自然法则所确立的固定轨迹，而是依赖社会演进的逻辑。它的演进在形式、速度等方面上往往受制于整个社会演进的进程。社会中政治、经济、文化等诸因素直接影响着法的演进，成为法演进过程中不可缺少的动因。纵观法数千年的演进历史，可以发现它在遵循整个社会演进规律之时，已经形成了自身的演进规律。

1.由野蛮的法向文明的法演进

法一经产生就被在政治、经济上处于主导地位的阶级利用，作为最重要的统治工具之一，其表现出极端的野蛮性。它的野蛮性首先表现在对人格的践踏，其次表现在极端残忍的惩罚手段上。法演进到近代表现出文明特征，不仅表现在对人权的尊重，法律手段也更加文明。

2.由身份法向契约法的演进

古代法所调整的单位只是“家族”，而不是独立的个人。法律所确立的人与人之间的关系主要是一种身份关系。人们根据自己在家族中的地位去享有权利和承担义务，即权利义务的身份化。现代法所调整的单位是独立的个人。正如梅因指出，“所有进步社会的运动在某一点上是一致的，在运动的发展过程中，其特点是家族依附的逐步消灭以及代之而起的个人义务的增长。个人不断代替了家族，成为民事法律所考虑的对象”，“用以逐步代替源自家族各种权利义务上那种相互关系形式的……就是契约”。梅因把法的这种演进，看成一个“从身份到契约”的运动。

3.由义务本位的法向权利本位的法的演进

古代法多是产生、存在于自然经济和专制政体条件之下的。因而，与之相适应的法的内容是以义务为重心。从公元前至18世纪的古巴比伦王国的《汉谟拉比法典》，再到公元五六世纪的以法兰克王国的《撒利克法典》为代表的欧洲各蛮族国家的法典，都是以义务性规范占绝对主导地位。即便是以强调权利著称的罗马法，在早期也是以义务为主旨的。法演进到近现代，以义务为本位的法与社会政治、经济发展极不相称，逐渐失去了原有优势，取而代之的则是以权利为本位的法。它与民主政治和商品经济相适应，并非在个人和国家关系上强制个人无条件地服从于国家。它的价值在于强调个人对国家具有权利，强制国家权力服从于个人权利，以权利为权力的目的和归宿。

4.由人治的法向法治的法的演进

历史证明，人治总是同专制或独裁政体相联系。在专制社会中，法处于可有可无的地位，它既缺乏稳定性，在古代社会更缺乏权威性。对统治者而言，法律不过是一纸空文，并不限制其权力。法律只是用来限制人们自由的权利。然而，随着人类进入资本主义社会，资产者开始反对任何形式的专制政治和人治，主张建立民主共和政体。在法治条件下，法律成为社会的主要控制力量，而且具有绝对的权威性。犹如卢梭的设想："统治者是法律的臣仆，他的全部权力都建立于法律之上。""他若强制他人遵守法律，他自己就得更加严格地遵守法律。"可见，由人治的法向法治的法演进，不仅是法的地位的上升，也是法的本性、价值的复归。

（三）法的发展形式

尽管在个别时期、个别国家，法曾存在过停滞甚至倒退的现象，但总体来说，法从未停止过演进。法的演进从规模、内容上来看有两种情况：其一是非本质的一般演进，多指某种法律局部的、小范围内的、小规模的改良或改革，如雅典的梭伦立法与改革、拿破仑立法和改革等。其二是本质的剧烈演进，这种演进是以一种性质的法律取代另一种性质的法律为特征，因而它必须依赖于社会革命，在推翻旧的政权统治，建立新生政权之后，法的本质演进才能顺利进行。这种法的演进已不是一种法律改革的产物，而是一场彻底的法律革命。

法律发展有内源型和外发型两种类型。内源型的特点是，法律发展的基本动力是内在的，即来自国家和社会内部的需要，并由自己的人民和政府的长期努力而实现；外发型的特点是，法律发展的基本动力是外在的，即依靠外来力量（往往是外部压力）来推动。在我们看来，法律发展的根本动力在于一个社会内部的进化和发展（当然，良好的外部环境和必要的外在推动也是不可忽视的因素）。

法的发展形式是多种多样的，主要有法的继承、法的移植和法的改革，它们是不同方面、不同角度和不同层次的法的演进途径。

1.法的继承

历史上，除奴隶制法（它是在原始社会氏族习惯的基础上演化出来的）外，每一种新的法律制度都是以先前的法律制度为起点和基础的。这种特点，决定了法律继承必然是法的发展的基本形式和途径。

所谓法律继承，就是指不同历史类型的法之间的延续、相继、继受，一般表现为旧法（原有法）对新法（现行法）的影响和新法对旧法的承接和继受。

法律继承是新事物对旧事物的一种扬弃。在法律发展过程中，每一种新法对旧法来说都是一种否定。这种否定，并不是一种单纯的否定或完全抛弃，而是在否定中包含着肯定，从而使法律发展过程呈现出对旧法既有抛弃又有保存的性质。这是从法律发展的客观过程来讲的。如果从法律继承的主体角度来讲，法律继承实际是一种批判的、有选择的继承，即在否定旧法固有阶级本质和整体效力的前提下，经过反思、选择、改造，吸收旧法中某些可用因素，赋予它新的阶级内容和社会功能，使之成为新法体系的有机组成部分。如此理解的法律继承有两个对立面：一是不加分析地抄袭或复制的拿来主义；二是否定新法与旧法之间存在历史联系和继承关系的虚无主义。

新法之所以可以批判地继承旧法中的某些因素，主要源于以下几方面。

第一，人类社会经济发展的先后承接关系决定着法的继承。从根本上来说，法律继承性的依据在于社会经济生活条件的延续性及继承性。人类社会每一个新的历史阶段开始时，都不可避免地要从过去的历史阶段中继承下来许多既定的成分。生活于现实社会的一代人只能在历史留给他们的既定条件所允许的范围内重新塑造社会的形象和书写他们的历史。法是社会生活的反映，尽管这种反映是通过人类的意识做出的，尽管立法者在表现社会生活条件时有一定范围的选择自由，但是，只要那些延续下来的生活条件在现实的社会中具有普遍意义，那么，反映这些生活条件的既有规则就会或多或少地被继承下来并被纳入新的法律体系之中。

第二，法律的相对独立性决定了法律发展过程的延续性和继承性。其主要表现在法律不完全受社会政治、经济、文化等因素影响，而是有其自身内在的起源、发展和消亡的历史和逻辑。每一种新型法律的产生都是法演进过程中的一种现象和一个环节，它不能割断与旧法的联系，脱离法的演进轨道，而或多或少地利用旧法所提供的法律知识、技术、术语、概念、原则来作为新型法律的有机组成部分。同时，由于历史继承性在不同条件下的表现，形成了各具特色的民族传统和民族风格。

第三，法作为人类文明成果的共同性决定了法律继承的必要性。法作为社会调整或控制的技术，是人类对自身社会的性质、经济、政治、文化以及其他社会关系及其客观规律的科学认识的结晶。这些认识成果不管形成于何种社会，具有怎样特定的时代性、阶级性和社会性，都是人类认识的成果和人类文明的标识，具有超越时空的长久的普遍的科学性、真理性和实践性。文明本来就是借鉴、积累和升华的产物。任何后继的法律制度绝不可能是在世界法律文明发展的大道之外产生的，而只能是人类以往法律思想、法律技术和法治经验的继续和发展。

法的继承是一种普遍存在的法律现象，它贯穿法的整个演进历史过程。从法的内容构成上讲，任何一种新法律的产生，几乎都是法的继承内容和创新内容的有机结合。至于新法律要继承什么内容，继承内容的量有多大，则不是恒定的、机械的，它完全取决于新法律对社会关系调整的需要，取决于社会政治、经济、文化等诸多条件的许可，也取决于法律主体的价值观念、理想追求和主观愿望。因而，法的继承既是自由的，也是有严格限制的。具体言之，可归纳为以下几个主要方面。

第一，法律技术、概念。法律技术是指制定、执行、解释、适用法律规范的各种方法，如立法程序、法典编纂、法律汇编、法律规范的构成及其分类、法律的解释方法、法律机构的设置、法律体系的结构、形式多样的诉讼程序等。法律概念是指对各种法律事实进行概括，抽象出它们的共同特征而形成的权威性范畴。绝大多数国家在建构自己的法律体系时，都不可避免地要直接选择、利用这些现成的法律技术和概念。

第二，反映市场经济规律的法律原则和规范。市场经济是与劳动分工和社会分工相联系的、为交换而进行生产的经济关系，是自由、公平地进行竞争的经济关系，反映市场经济一般规律的法律原则和规范，如有关市场主体、市场要素、市场行为、市场调控、国内市场与国际市场的联系等法律规定，是任何实行市场经济国家都应当遵循的。

第三，反映民主政治的法律原则和规范。近当代大多数国家都实行民主政治，积累了大量以公民权利制约国家权力、权利制约权力以及保障权力运行秩序和效率的经验，如代议制、选举制、权力划分、权力制约、立法机构的组织和立法权力的行使程序、行政程序、公民各种政治权利规定、国家赔偿制度等。这些制度和规定大都是民主政治的必然要求，反映了政治权力运行的一般规律。因此，任何试图实行民主政治的国家理所当然地要借鉴和采纳这些法律原则和规范。

第四，有关社会公共事务的法律规定。任何国家都会执行两种职能：一种是政治统治或阶级统治职能；另一种是公共事务或社会职能。因而，法律体系中包括两类法律规范：一类是有关政治统治的规范；另一类是有关公共事务的规范。在公共事务规范中，有许多属于技术性规范或者是反映社会整体利益的规范，这些“执行由一切社会的性质产生的各种公共事务”职能的法律对于任何国家都是必需的。

2.法的移植

法律继承是指新法对旧法的借鉴和吸收。它体现出两种法律制度在时间上的先后顺序，在内容上为“影响—承受”关系，它不能完全表征一个国家对同时代其他国家的法律或国际法律的引进、吸收和摄取，因此，需要创造或借用别的术语来概括。法律移植即现成的可用来表征国家间相互引进和吸收法律这种实践的术语。然而，对于“法律移植”这个术语的内涵及其适当性，法学界和法律界尚未达成共识。这就有必要首先对该术语进行语义和意义分析。

法律上的“移植”是医学意义上的移植，这种移植是被移植的国外法律（供体）和接受移植的本国法律（受体）之间存在着某种共同性，即受同一规律的支配、互不排斥、可互相吸纳。这就不会发生简单照搬的可能。因此，“法律移植”是指在鉴别、认同、调适、整合的基础上，引进、吸收、采纳、摄取、同化外国的法律（包括法律概念、技术、规范、原则、制度和法律观念等），使之成为本国法律体系的有机组成部分，为本国所用。法律移植的范围：一是外国的法律；二是国际法律和惯例，通称国外法。

法律移植的必要性主要体现在以下几个方面。

第一，社会发展和法律发展的不平衡性。同一时期不同国家的发展是不平衡的，它们处于不同的社会形态，或者处于同一社会形态的不同发展阶段。在这种情况下，比较落后的或后发达国家为了赶上先进国家，就有可能移植先进国家的某些法律，以保障和促进社会发展。

第二，市场经济的客观规律和根本特征决定了法律移植的必要性。当今世界，市场机制是统治世界经济的最主要机制。尽管在不同的社会制度下市场经济会有一些不同的特点，但它运行的基本规律，如价值规律、供求规律、优胜劣汰的规律是相同的，资源配置的效率原则、公正原则、诚信原则等也是相同的。这就决定了一个国家在建构自己的市场经济法律体系和制定市场经济法律的过程中必须吸收和采纳市场经济发达国家的立法经验。

第三，法律移植是对外开放的应有内容。在当代，任何一个国家要发展就必须对外开放。对外开放反映了世界经济、政治和文化发展的客观规律，尤其是经济和文化都较落后的发展中国家，更有必要实行对外开放。

3.法的改革

法律的继承和移植在法律发展中是必不可少的。但法律的发展仅依靠继承和移植是不够的。原因如下：第一，继承是“古为今用”，移植是“洋为中用”，它们都以既有为前提。而我们所面临的许多法律问题和法律事务是古人和洋人未曾遇到甚至不会想到的，这使得我们既无处继承，也无从移植。第二，继承可以使一国现行法律制度保持与本民族法制文明的历史连续性，在新的基础上高起点进步。移植可以使一国法律体系在引进国外法、吸收先进法律经验和技术的基础上与世界法制同步发展。但它们均解决不了法律制度的创新问题。法律制度创新要靠法制改革。第三，法律发展有质变和量变两种基本模式。法的历史类型的更替，即由一定经济基础和阶级关系所决定的新的法律上层建筑取代旧的法律上层建筑，属于质变；法律的继承、移植和改革则属于量变。但是，法的改革这种量变与那种缓慢的、渐进的、不知不觉的演化不同，它是量变中的突变和巨变，是某一历史类型的法律制度的创新或重构，是具有划时代意义的变迁。它在法律发展中的意义是继承和移植无法代替的。第四，法的改革也是继承和移植的前提。因为只有通过改革，突破旧的法律体系，破除落后的法律观念，才能为继承和吸收法制文明的成果创造结构前提和思想基础。没有改革，继承和移植无从谈起。第五，继承和移植的着眼点在于健全或完善，属于外在输入；改革的着眼点在于更新和重构，属于内在成长。

（四）法的历史类型

在对法的各种分类当中，对法的历史类型的划分是最基本的分类。法的历史类型与人类历史上基本的社会形态相联系，是依据法所赖以存在的经济基础及所体现的国家意志的性质不同，而对各种社会的法律制度所做的分类。

1.古代法律制度

奴隶制法和封建制法都是古代的法律制度。一方面，两者各自赖以存在的经济基础和所体现的国家意志的性质有深刻区别；另一方面，奴隶制法和封建制法又都属于以“人的依赖关系”为本质特征的社会历史形态的法律制度（它们产生于这种“人的依赖关系”，也以服务于这种“人的依赖关系”为基本目的）。因此，从类型学的意义上讲，就法律的基本原则和主要内容而言，奴隶制法与封建制法有相当的近似性和兼容性，而它们与后来的资本主义法相比，在某些原则和内容上可能是近似和兼容的，在很多原则和内容上则是反差甚大和不兼容的。简而言之，奴隶制法与封建制法所确认的具体生产关系不同，其所反映的国家意志的阶级属性也不同，但是，在维护和强化“人的依赖关系”，反映农耕文明、自然经济和专制政治的一般规律方面却是相同的。

（1）奴隶制法律制度

奴隶制的法律制度是人类历史上最早出现的法。它具有以下特征。

第一，否认奴隶劳动者的法律人格，公开确认对奴隶的人身占有。奴隶在法律上没有人格。法律完全不承认奴隶是人，而是把他们视为纯粹的财产。奴隶只能成为权利客体，可以像其他财产一样，由主人任意处置，包括出卖或处死。

第二，惩罚方式极其残酷且带有随意性。奴隶制社会是刚刚脱离蒙昧状态的最初的文明社会，这就决定了奴隶制法律制度必然带有野蛮、残酷的特点。

第三，在自由民内部实行等级划分。自由民是除奴隶外的所有具有人身自由的人。自由民既包括无业贫民和个体劳动者，也包括大小奴隶主。自由民之间的法律地位完全不同，等级越高者享有的特权越多而义务却越少，等级越低则权利越少而义务越多。

第四，带有明显的原始习惯的残余。例如，在土地所有制方面，土地归国家所有或归村社所有的习惯曾在法律中保留了很长时间；在法律责任和制裁方面，由集体共同承担责任以及允许私力救济的习惯，基本上贯穿整个奴隶制法。

（2）封建制法律制度

封建社会是在奴隶社会崩溃之后建立起来的。由于不同社会中的封建制法律制度在形成之初的历史背景有较大差异，它们发展的条件和道路也有较大差异，因此，它们所具有的重要特点也不完全相同。这点在东西方的封建制法之间特别明显。在不完全精确的意义上，它具有以下特征。

第一，确认人身依附关系。这一特征最突出地存在于西欧封建制法之中。各级封建领主占有土地建立庄园，但对土地没有转让处分的权利。在庄园中劳动的农民大多是农奴身份。农奴的法律地位优于奴隶但低于自由人，在法律上享有有限的权利。农奴虽不能像奴隶那样被任意体罚或杀害，但仍属于领主的财产，在人身上没有自由，须受领主支配，也可被当作财产转让、出卖。中国封建制经济是按个体家庭组成家族组织起来的。在很长的一段历史时期内，自耕农占农民的相当比例，他们耕种自己私有的土地或国家分配的土地，无地农民则租用地主的土地耕种。在法律上，农民并非地主的财产，其具有相对独立的法律人格和相对人身自由。

第二，森严的封建等级。任何封建社会都是一个等级社会。以中国为例，中国封建社会也有身份等级的划分。在中国，自战国时期的秦国首先废除“世卿世禄”制度后，等级制就受到了严重的打击。虽然在平民中有良与贱之分，但等级特权主要是按“官本位”原则，而不是按身份（出身）。当然，中国封建社会的官吏集团也在一定程度上对平民开放。

第三，维护专制王权。这一特征在东方封建制法中最为典型，西欧封建制法则相对次之。

西欧封建社会的等级制远比东方发达。而由于等级制发达，西欧国家王权便受到强有力的限制。在西欧的等级制中，法律分配权利和义务的依据是每个人与生俱来的身份，而不是国王的态度和意志。由此，就形成了一个国王所不能完全控制的强大的贵族阶层。国王与贵族之间的关系根据分封土地时的契约来确定。王权一方面受到贵族集团世袭特权的制约，另一方面教会权力也强有力地制约着王权向专制方向前进的脚步。除此之外，王权还必须在一定程度上接受法律的制约，即所谓“国王站在一切人之上，但须站在上帝和法律之下”。

中国的封建制法则不同，它一直确认并全力维护专制王权的绝对至上性。这与等级制不发达、不存在一个强有力的贵族阶层有直接关系。在中国封建社会的结构中占据重要地位的不是世袭贵族阶层，而是庞大的官吏集团。官吏的进退荣辱乃至身家性命则完全由王权控制。因而，即使高级官吏也不可以借助其现有特权或私权来对抗王权。在专制体制中，官吏必须绝对服从君主的支配。君主借助于官吏集团统治全国，享有绝对至上的权力且不受法律限制。法律对王权的唯一作用是确认并强化这种专制的政治关系。

第四，刑罚严酷、野蛮擅断。从总体上说，封建制法律制度在刑罚方面的严酷程度仅次于奴隶制法律制度。侮辱刑、肉体刑和恐怖痛苦的死刑执行方法在各个封建制法律制度中普遍存在。在我国，封建制法还规定了族刑和连坐制度，一人犯罪，满门抄斩，甚至祸及亲朋邻里。至于出入人罪、轻罪重罚和司法专横的现象，在各国封建制法中都不少见。

2.近现代资本主义法律制度

资本主义法律制度以资本主义私有制关系为基础。它所体现的国家意志来自占社会少数的资本家阶级。因此，它与奴隶制法、封建制法一样，也属于剥削者类型的法。不过，由于资本主义法律制度是以全面革除“人的依赖关系”为前提且在资本主义的市场经济和民主政治条件下存在和运行，所以，它又是近现代法律文明的一种形态，其奉行的许多原则也就明显不同于古代法律制度。

资本主义法律制度的一个总体特征就是按照资本主义市场经济和民主政治的本质要求，建立了资本主义的法治国家，这一特征集中体现在以下法律原则之中。

（1）私有财产神圣不可侵犯原则

在法律史上，这一原则首次出现在1789年法国的《人权宣言》中。该宣言中首次提出：“财产是神圣不可侵犯的权利，除非当合法认定的公共需要所显然必需时，且在公平而预先赔偿的条件下，任何人的财产不得受到剥夺。”此后，这条原则为各国资本主义法所确认。

私有财产神圣不可侵犯的原则，在近代资本主义法中具体表现为一种绝对的所有权。它允许所有权人几乎可以任意地使用和处分自己的财产，而任何人（包括政府）均不得对其做出干涉。这种绝对的所有权在后来引发了一系列严重的社会矛盾。到了20世纪初，所有权的滥用开始受到限制，“不得侵害社会公共利益”成为各资本主义国家的重要法律原则。这使财产所有权的行使受到了一定程度的制约。这是资本主义法制在发展史上区别于近现代法制的重要标志。

（2）契约自由原则

资本主义法律制度首次把契约自由上升为调整社会经济关系的基本原则。它意味着承认一切人都具有独立的法律人格和平等的法律地位，可以自主分配自己的利益和权利，并在社会交往双方达成合意的条件下建立或改变彼此间的权利、义务关系。

这一原则是市场经济关系的本质要求在法律上的体现。市场经济与自然经济最关键的区别就在于，在自然经济条件下的生产是为了满足本人消费、缴纳地租和赋税而进行的生产，在市场经济条件下的生产是为交换而进行的生产。因此，市场经济也就是自由交换的经济，它在法律上就表现为契约订立和履行的过程。契约自由原则不仅为重新安排和调整经济生活提供了新的规则，也对整个社会生活的调整提供了参照。因此，现代文明、现代法制的第一种形态——资本主义文明和法制才能得以确立。

近代资本主义法中的契约自由原则是以绝对的、极端的形式表现出来的。国家和法律对契约关系的形成持放任态度，由此引发许多社会矛盾和反道德行为，这使得原有的启蒙理想受到了全面的破坏。自20世纪初，契约自由开始受到法律的限制，从绝对的契约自由到相对的契约自由是近代资本主义法制与现代资本主义法制的一个重要区别。

（3）法律面前人人平等原则

法国《人权宣言》规定："人们在自由上而且在权利上，生来是平等的。法律对于所有的人，无论保护或处罚都是一样的。在法律面前，所有的公民都是平等的。"这一原则同前两条原则一样，也是由资本主义法制首先确立下来的。

法律面前人人平等原则包含着丰富的内容。其一，所有自然人的法律人格（权利能力）一律平等。这种权利能力生而具有，不以任何特定事实为条件，它实际上就是人权，即任何人都享有的做人的权利和资格。其二，自然人中的所有公民都具有平等的法律地位。公民是一种法律地位，它与基本权利和义务相联系。只要具有公民资格，就享有与其他公民平等的基本权利和义务。其三，法律平等地对待同样的行为。法律在对行为施加保护和惩罚时，只关注行为的性质和后果，而不关注行为人的身份。

除了上述讨论的三项原则外，资本主义法律制度还有人民主权、法律至上（或宪法至上）、司法独立、有限政府、分权制衡、普选代议等许多重要原则。不过，相对而言，这些原则都是为了保障私有财产不受侵犯，为了保障商品生产的交换在契约形式下正常进行，为了保障权利、义务的平等分配而被确立下来的。在这些原则的指导下，资产阶级以不同于古代社会的方式实施自己的统治，而其共同利益在"法治国家"的稳定状态下也得到了最大化的实现。

三、法律全球化

随着人类公共交往的场域日益超越国家的边界，法律全球化成为当今世界法律发展的基本态势。从法史学的角度上看，法律全球化的理念最早可以追溯至古罗马时期。当时，著名的政治思想家西塞罗继承了古希腊晚期斯多葛派的自然法理念和“人类普遍理性”的观点，提出了“世界天国政府”中存在着普遍的自然法则。他认为，出于人和上帝共同具有理性的缘故，天国的自然法则在人类社会中就体现为世界国家的共同法则。然而，作为一个社会运动的全球化，则始于罗马法的复兴运动。18世纪下叶至19世纪初，法、德两国一反过去的习惯法传统，在全面吸收罗马法原则和精神的基础上，先后制定和颁布了《法国民法典》《德国民法典》。在此之后，法律的全球化开始逐渐加强。第二次世界大战后，法律的全球化已日益普遍。法律全球化，从其表征形式和特征来说，主要是指相关的国家和地区在彼此承认和尊重主权独立的前提之下，基于相同的国际法利益，或者相近的文化传统，在法律的制定和实施过程中所表现出来的契合性和影响力。因此，在法律全球化过程中，特定地域范围内的法律体系和法律制度的独立性是客观存在、不容置疑的。也正因如此，他们受到冲击也是必然的。

（一）法系

1.法系的概念

法系一词是19世纪末20世纪初形成起来的。它是西方法学家，主要是比较法学家借鉴生物分类法对法律进行分类研究以及比较法研究的产物。最近几十年来，西方的一些比较法学家和法律文化学者间或把“法律传统”“法律族系”“法律制度”甚至“法律体系”概念与“法系”概念混用。这点是需要注意的。法学上的普遍观点认为，“法系”与其他一些名词是不同的法学范畴，不能等同。

对于什么是法系，国内比较有代表性的看法有两种：第一，法系是指具有某种共性或共同传统的、一些国家或地区法律的总称。这种共性或共同传统，有时指法律发展史的某些特征，有时又指法律渊源方面的某些特征。第二，法系是以亲缘关系为标准对各种法律制度所做的一种分类，也就是把具有共同来源的法律制度划分为一个法系。

国外法学家对“法系”的界定比较复杂和多样化。国外法学家认为，法系划分的依据主要有：①一个法律秩序在历史上的来源与发展；②法律方面占统治地位的特别的法学思想方法；③特别具有特征性的法律制度；④法源的种类及其解释；⑤思想意识因素等诸要素；⑥法律文化。

综观国内外关于法系的分类，本书认为在界定“法系”这一概念时，必须考虑以下三个方面。

第一，历史渊源关系。在通常情况下，一个国家或地区法律的历史渊源不同，就会导致这些法律被归结到特定的法系之中。如法国法和德国法，它们是以古罗马法为其历史渊源，所以，都归于大陆法系。

第二，继受关系，即固有法与继受法的关系。固有法是指一个国家土生土长的法律，如中国封建社会的法律。继受法是指一个国家基于外来势力、内在社会结构的变异、外国法品质或内部意识的觉醒等因素，全盘或部分采用其他国家法律制度的一种法律现象。由于固有法与继受法之间存在着继受关系或仿效关系，因此，这些法律一般也属于同一个法系。

第三，法律制度的某些相似性和不变性。这种相似性和不变性，不仅指某种文化或传统，也指法的形式、结构特征和操作程序。尽管任何两个国家的法律都不会完全相似，但是在某些主要的方面，一些国家法律制度的相似性足以将它们归入几个主要的法系之中。

综上所述，法系是指根据历史渊源、继受关系和法律制度的某些相似性、不变性，对各个国家或地区的法律进行分类。凡是具有相同的历史渊源关系、继受关系以及具有某些相似性、不变性的法律制度或法律体系，都属于同一个法系。

2.法系的划分

在世界范围内，众学者对法系划分的标准论说不一。20世纪初，法学家对法系的划分通常比较复杂。法系论的先驱者日本法学家穗积陈重提出七大法系说，即印度法系、中国法系、伊斯兰法系、英国法系、罗马法系、日耳曼法系和斯拉夫法系；美国一些比较法学家划分出16种法系，即罗马法系、日本法系、日耳曼法系、海商法系、寺院法系（教会法）、凯尔特法系、斯拉夫法系、阿拉伯法系（穆罕默德法系）、埃及法系、巴比伦法系（美索不达米亚法系）、大陆法系等。近代的一些比较法学家认为当代世界的主要法系有大陆法系、英美法系和社会主义法系。另外，还有人认为应该将伊斯兰法和印度法列入当代主要法系。

同时，法学家们往往还把法系划分为“死法系”和“活法系”。“死法系”是指历史上存在的，但现在已经消亡的法系。比较有影响的“死法系”有埃及法系、巴比伦法系、犹太法系、希腊法系和中华法系（中华法系也称中国法系，是在中华文化中孕育成长的，为中华民族有史以来所实行的治国制度的总称，其历史源远流长，影响曾扩及东亚诸国，但近代却为大陆法系模式所取代）。“活法系”则是指当今依然存在并继续发展的法系，包括大陆法系、英美法系、社会主义法系等。

毫无疑问，法系划分的关键问题是怎样确定划分的标准，所依据的标准不同，得出的结果自然不同。就当前在世界范围内的法系划分而言，大陆法系和英美法系作为世界上最具影响力的两大法系，其划分目前已基本无争议。

3.大陆法系与英美法系

（1）大陆法系

大陆法系中的“大陆”二字，指的是欧洲大陆，即相对于欧洲大陆以外的英伦三岛（英国）而言。大陆法系是指以罗马法为历史渊源，以《法国民法典》和《德国民法典》为主要标志或与其有继受关系并因此具有某些相似性、不变性的各国家和各地区法律的总称。

大陆法系又因在罗马法基础上发展而来故被称为罗马法系，因以民法为主要标志故被称为民法法系，因具有法典化特征被称为法典法系，因融合了日耳曼法的内容故被称为罗马——日耳曼法系。

大陆法系的分布范围以欧洲大陆为中心，包括美洲、亚洲和非洲的许多国家和地区。在发源地欧洲，法国、比利时、意大利、西班牙、荷兰、卢森堡、葡萄牙、德国、奥地利、瑞士和希腊都属于大陆法系。19世纪初的俄国和第二次世界大战前的东欧诸国也属于大陆法系。在美洲，前西属、法属、英属和荷属殖民地，一般都接受了大陆法系的法律观念和法律体系，独立后的殖民地一般也都以法国法律作为模式。在亚洲，土耳其属于大陆法系，近代以来的日本和泰国也可以划归大陆法系；越南和朝鲜在其社会主义制度建立之前的一段时间里，大陆法系也曾取得优势地位；而叙利亚、伊拉克、约旦、印度尼西亚和斯里兰卡等国家是大陆法系和伊斯兰法系的混合；菲律宾则兼备大陆法系和英美法系的特色。在非洲，大体的情况与亚洲类似。此外，在一些特定的地区，如美国的路易斯安那州、加拿大的魁北克省以前曾受法国的统治，英国的苏格兰因历史原因深受法国文化的影响，所以，其法律也都是大陆法系和英美法系的混合。

（2）英美法系

英美法系的“英美”代表这一法系的两个主要国家，即“英国”和“美国”。所谓英美法系，通常是指以英国中世纪以来的普通法为基础、以判例法为主要标志并与其存在继受关系因之具有某些相似性、不变性的各国家和各地区的法律的总称。

英美法系又因以英国的普通法为基础故被称为英国法系或普通法系，因以判例法为主要的法律渊源故被称为判例法系，因主要分布于一些濒临海洋的国家故被称为海洋法系。

英美法系的分布范围主要是欧洲的英国本土（苏格兰除外）、爱尔兰，北美的美国（路易斯安那州除外）、加拿大（魁北克省除外），大洋洲的澳大利亚、新西兰，亚洲的印度、新加坡、缅甸等。

（3）大陆法系与英美法系的区别

大陆法系与英美法系都是资本主义经济关系的产物，其法律的本质相同，其法律的主要原则和内容也相同。当然，由于受不同历史条件的影响，它们在存在样式和运行方式上也各具特点，两者的主要区别包括以下几个方面。

①法律渊源不同。大陆法系是成文法系，其法律以成文法即制定法（法典法）的方式存在，它的法律渊源包括立法机关制定的各种规范性法律文件、行政机关颁布的各种行政法规以及本国参加的国际条约（但不包括司法判例）。英美法系的法律渊源既包括各种制定法，也包括判例，而且判例所构成的判例法，在整个法律体系中占有非常重要的地位。

②法律结构不同。大陆法系承袭古代罗马法的传统，习惯于用法典的形式对某一法律部门所包含的规范做统一的系统规定，法典构成了法律体系结构的主干。英美法系很少制定法典，习惯用单行法的形式对某一类问题作专门的规定，因此其法律体系在结构上是以单行法和判例法为主干而发展起来的。

③法官权限不同。大陆法系强调法官只能援用成文法中的规定来审判案件，法官对成文法的解释也需受成文法本身的严格限制，故法官只能适用法律而不能创造法律。英美法系的法官既可以援用成文法，也可以援用已有的判例来审判案件，而且在一定条件下也可以运用法律解释和法律推理创造新的判例。因此，英美法系的法官不仅可以适用法律，还可以在一定的范围内创造法律。

④法律推理不同。大陆法系国家的法官在审理案件时，习惯于从一般的法律规则和原则出发，再结合案件事实，最后得出判决的结论。这种推理的思维形式，是典型的演绎推理。而在英美法系的法律推理上，惯用的则是类比分析和归纳推理。在英美法系国家，依据遵循先例的原则，法官在解决当前的争端时，需

要从判决的先判中发现可以适用于当前个案的相似判例，并从中归纳出一般的规则或原则，再用以指导当前个案的判决。这一过程包含了类比和归纳两个步骤。

⑤诉讼程序不同。大陆法系的诉讼程序以法官为中心，突出法官的职能，具有纠问程序的特点；为体现司法民主，在某些司法程序上实行参与制，即由人民中的代表作为陪审员与法官共同组成法庭来审判案件，陪审员具有与法官同等的权力。英美法系的诉讼程序以原告、被告及其辩护人和代理人为重心，法官只是双方争论的“仲裁人”，而不能参与争论。在英美法系中，与这种对抗式（也称诉辩式）程序同时存在的是陪审团制度。陪审团代表人民参加案件审理，但主要负责做出事实上的结论和法律上的基本结论（如有罪或无罪）。至于法律上的具体结论即判决，则由法官负责做出。

⑥法的分类不同。公法和私法的划分，是大陆法系最主要的法的分类。而在英美法系的国家和地区，法的基本分类是普通法和衡平法的划分。虽然英美法系的法学中也倾向于公法和私法的划分，但在对所属部门法的构成上，与大陆法系有很大区别。例如，英美法系国家没有一个统一的民法部门，而是分为财产法、契约法、侵权行为法等，它们在普通法内自成一体，彼此分立。这是因为英美法系国家的法律是在司法实践中发展起来的，是对判例的简单分类，因此并没有系统的结构，不像大陆法系国家的立法活动受到系统法学思想的指导，整个法律体系上具有严密的结构。

⑦法的特征不同。大陆法系具有对全部社会关系加以理性设计和安排的特点，它的法典式体系逻辑严谨，覆盖面广，内部协调一致性强。当然，由于这种法系注重体系的严谨，在面对极其复杂并不断变化的社会关系时，有时则显得刚性过强，难以完全适应。而与此不同，英美法系则具有很强的针对性和灵活性。不过，法律的庞杂、混乱和难以被非专业人士了解等特点也很突出。

除了上述七方面外，两大法系在法律分类、法律术语、法学教育、司法人员录用和司法体制等方面存在差异。

值得注意的是，自20世纪以来，由于各国之间经济、政治和文化联系与交流的加强，两大法系之间也开始相互借鉴，两者的差别也随之缩小。不过，总的说来，两者承袭的传统及其存在样式和运行方式所表现的重要的不同之处，在可以预见的将来，是不可能完全消失的。

（二）法律全球化

1.法律全球化的含义

何谓法律全球化？学界众说纷纭。我们认为，对法律全球化的界定至少应当从以下两方面展开：其一，从外在表现形式上看，法律全球化是指这样一种过程，即一些外在于民族国家的法律在全球范围内的通行，或者某一特定国家、地区或组织的特定法律的世界性传播。前者如各国际公约随着缔约国的不断增加而通行于全球，后者如经济发达国家调整经济的法律规范的全球传播。其二，从价值取向上看，法律全球化主要是指各国法律制度围绕某些共同原则逐步接近，同时，又尊重各国本土制度的不同特点。

法律全球化的这一定义隐含着以下四个方面的要求。

一是法律全球化不应是一个已然成形的现象，它是一个正在形成的过程。在这一过程中，存在着许多变量，这些变量的存在将影响法律全球化的方向和最终结局。

二是法律全球化不应是某一国或某几国所“把持”的全球化，而是各国共同参与的全球化。

三是法律全球化并不意味着法律的完全同一化，它只是各国法律制度在某些重要原则和基本理念上的趋同，而在具体的法律制度上，允许各国做出不同的安排，并保持各自的特色。

四是法律全球化并不必然囊括法律生活的每一个领域，在那些与一国政治、社会和文化传统联系并不十分密切的领域，如商业、贸易和经济法领域，法律的全球化是可行的，同时也是可能的，而在那些受一国社会和文化传统影响较深的领域，如婚姻家庭领域，法律的全球化则要受到诸多的限制，因而在一定意义上是不可能的，也是没有必要的。

2.法律全球化的意义

（1）法律全球化可以为法制现代化提供新的资源

法律全球化能够促进一些来自不同历史和文化传统的法制资源在全球范围内的传播，这就为各国的法制转型，至少在资源选择上提供了更大的可能性。随着全球化进程的不断推进，法律全球化也日益朝着纵深方向发展。这种发展可能使法律全球化呈现出这样一个趋势，即法律全球化不再是某一国或来自某一种文化传统的法律的全球化，而是越来越多的来自不同国家、不同文化传统的法律的全球化。法律全球化的这一可能趋势，对于民族国家来说是一种福音，因为这意味着他们可以不再像殖民时代那样去被迫接受某种由别人强加给他们的法律，也可以在自主选择时不再局限于某一种或几种固定的法制资源，而是可以对很多种不同的法制资源进行权衡和筛选，并最终择取一种或几种最适合自身文化土壤的法制资源。经过这种精心选择而引进的外来法制资源，其与本土法制资源发生摩擦和冲突的可能性将大大降低，从而为民族国家传统法制的成功转型增添砝码。

（2）法律全球化是保存、倡扬各国法制本土资源的重要途径

在法律全球化的大潮中，各国的本土法制资源均可能融入国际法制大系统中。这一融入，可以成为各国保存、倡扬本土法制资源的有效手段。一方面，如果一国的法制因素被吸收为全球化法制的组成部分，则毫无疑问有利于该民族国家法制资源的保存和倡导；另一方面，当一国的法制因素融入全球化法制之后，实际上意味着它将接受更大范围内的“考验”，因而也可能得到更大范围的发展。

各国本土法制资源的保存和倡扬对于其法制现代化来讲，是一个极为有利的因素。任何国家的法制现代化，无论是内源性的法制现代化，还是外源性的法制现代化，都必须立足于本国的传统。无视这一点，就会使法制的现代化失去传统这一根基。

3.法律全球化的困难

应当承认，法律全球化在为各国法制现代化提供新的资源和发展空间的同时，也可能带来消极影响，使各国法制现代化面临以下几种难题。

（1）如何保持本国法律传统的连续性

对于后发达国家而言，法律全球化在客观上构成其法制发展的一种外在压力。这一压力的存在，打破了各国自生自发式的法制现代化路径，使得他们几乎没有可能选择内源性的法治现代化之路。这在一定程度上可能导致这些国家法律传统连续性的中断，而没有传统的法制是一种没有“根”且很难真正存续的法制。可以说，只要一国选择参与法律全球化在当前的全球一体化的背景下，对于后发展国家而言，参与全球化实际上是一种没有选择的选择——那么，这种选择就很可能使民族国家面临这样一个难题，即如何保持本国法律传统的连续性。

对于非西方国家来说，这一难题尤为突出。在参与法律全球化、接受外来

法制因素影响的过程中，如果不能妥善处理西方法律与本国传统法律的关系，将很容易使本民族在全球化的浪潮中变得无所适从，甚至陷入迷失自身法制传统的境地。

（2）如何对抗新法律殖民主义的侵袭

各国在参与法律全球化的过程中，可能遭受新法律殖民主义的侵袭。全球化时代的法律殖民主义与旧法律殖民主义不同。旧法律殖民主义主要是依靠武力征服，以一种显性的、公开的方式推行。如伴随着英国的军事入侵，其法律也推行到世界许多国家和地区；伴随着拿破仑的对外扩张，其法典也在欧洲大陆广泛推行。而全球化时代的法律殖民主义更是凭借政治、经济和文化手段，以一种隐性的、秘密的方式进行。这种法律殖民主义被学界称为新法律殖民主义。

新法律殖民主义，使得一国“并不需要占领另一个国家的领土……而只需要输出可以控制该国社会组织运作的法律制度，便可以决定这个国家的文化形式与经济形式”。新法律殖民主义的非公开性、隐秘性和某种意义上的无孔不入性，使得各国在法制现代化过程中，随时都可能遭受其侵袭。因而，如何有效地抵制这种侵袭，就成为摆在各国面前的一个难题。

（3）如何克服法律体系内部的不均衡发展

法律全球化容易导致各国法律体系内部的不均衡发展。目前的法律全球化在很大范围内是调整经济生活的法律规则（我们将其简称为经济规则）的全球化，而那些调整社会生活其他领域尤其是人权领域的法律规则（我们将其简称为人权规则），却难以步入全球化。法律全球化在现阶段的这一特点，折射到各国内部，就体现为其法律体系内部经济规则与人权规则的不均衡发展，即两者的发展不同步。

各国法律体系内部的不均衡发展状态是普遍存在的。无论是对于各国的法制，还是对于各国的社会发展，这种状态都是不利的。以人权制度与经济发展而言，倘若人权规则的发展明显快于经济规则的发展，即对人权保护的要求高于一国的经济发展状况，则可能导致社会的负荷过重，进而减缓社会的发展步伐，并最终造成公民整体福利的下降；相反，倘若人权规则的发展落后于经济的发展，即对人权的保护明显低于该国的经济发展状况所能容许的限度，则将违背国家发展经济的初衷和终极目的。因此，如何克服这种不均衡性，也是摆在各国面前的一大难题。

第二节　法的作用

一、法的作用概述

（一）法的作用的含义

法律作为一种重要的社会调控手段，它对人们的行为和社会关系有何影响？这就涉及法的作用问题。所谓法的作用，即法律对人们的行为和社会生活产生的影响力。

法有哪些作用及如何发挥这些作用，是历代思想家和法学家们研究的重要课题。例如，古希腊思想家伊壁鸠鲁认为，法作为一种约定的规则，应该发挥保证人们之间平等互利的作用。再如，中国古代思想家管仲曾指出："法者所以兴功惧暴也，律者所以定分止争也"，"法律政令者，吏民规矩绳墨也。"而在近现代社会中，法的作用经常被概括为实现社会控制、建立社会秩序、保护和扩大自由、促进社会正义等。

（二）法的作用的分类

法的作用的具体表现形式是多种多样的，因此，依不同标准对法的作用可作不同划分。根据一般与特殊的逻辑关系，可将法的作用分为一般作用和具体作用；根据法的系统与法的子系统或要素各自的作用范围，可将法的作用分为整体作用和局部作用；根据法作用于人们的行为和关系的途径，可将法可分为直接作用和间接作用；根据人们的法律期待与法的实际效果间的差别，可将法的作用分为预期作用和实际作用；根据法的社会意义，可将法的作用分为积极作用和消极作用；根据法作用于人们的行为和社会关系的形式与内容间的区别，可将法的作用分为规范作用和社会作用。①

① 黄茂荣.法学方法与现代民法[M].7版.厦门：厦门大学出版社，2024：13-20.

目前，在上述诸多分类上，我国学术界最认可的是“规范作用”和“社会作用”的分类，即将法的作用概括为两大方面：其一是法对于人的行为的作用；其二是法对于社会关系的作用。

具体而言，法的规范作用是指法作为一种特殊的行为规则，直接作用于人的行为所产生的影响；法的社会作用是指法作为社会关系调整器对社会所产生的影响。两者的区别主要表现在以下几个方面：①考查基点不同。法的规范作用是基于法的规范性特性进行考查的，即根据法是一种调整人的行为的规范这一基本事实；法的社会作用是基于法的本质、目的和实效进行考查的。②作用对象不同。法的规范作用的对象是人的行为，这里的“人”是指一切社会关系的参加者，包括自然人和社会组织；法的社会作用的对象是社会关系，即人与人的关系及社会化了的人与自然的关系。③存在的方式不同。法的规范作用是一切法所共有的，而法的社会作用则因不同类型、不同国家以及同一国家的不同时期而存在差异。④所处的层面不同。这是由两者的考查基点不同所决定的，法的规范作用是法的社会作用的手段，法的社会作用则是法的规范作用的目的，法的规范作用具有形式性和表象性，而法的社会作用则具有内容性和本质性。⑤发挥作用的前提不同。实现法的规范作用的前提是制定和颁布法律，而实现法的社会作用的前提是法律被运用、被实施，它要通过人们的法律行为或产生一定的法律关系。

（三）正确认识法的作用

法的作用是不容低估的。法以其独特的方式对人类生活发生着重要的影响。首先，法律在人类社会中扮演的角色愈来愈重要，逐渐代替了道德、习俗等社会规范在调整人们的行为和社会关系中原有的影响力，成为最主要的社会调整手段；其次，法律是社会运动和发展的最重要的稳定和平衡的工具，它以其稳定性和可预测性为激烈变动的社会生活确立了相对稳固的规范基础。

然而，长期以来，认为“法律无用论”者大有人在，这种观念无视法的作用和法的正向功能。甚至认为法是限制主观能动性的障碍，因而主张人治，反对法治；对法律采取实用主义态度，将法律视为一种“招之即来，挥之即去”的东西，当法律对其有利时，则作为其工具和手段加以运用，当法律对其不利时，则无视法律的存在。其行为不是由法律来指引，而是以利益为核心。根据自己的需要而随意取舍，甚至违反法律也在所不惜。

“法律无用论”固不可取，但也要注意，无限夸大法的作用的“法律万能论”也是错误的。这种观念强调法律无所不能，无所不在，似乎只要有了法律，就可以解决人类社会所面对的一切问题。因此，既要认识到法的有用性，又要看到法的作用的有限性。对此，美国法学家博登海默说：“尽管法律是一种必不可少的具有高度助益的社会生活制度，它像其他大多数人规定制度一样也存在一些弊端。如果我们对这些弊端不给予足够的重视或者完全视而不见，那么它们就会发展成严重的操作困难。”具体而言，法的作用的局限性主要表现在以下四个方面。

1.在社会的调控模式中，法律只是调整社会关系的一种手段

法律是用以调整社会关系的重要手段，但并不是唯一的，政策、纪律、道德、乡规民约及其他社会规范等都可调整社会关系。虽然在当今社会，在建立和维护整个社会秩序、实现社会控制方面，法律是主要的方法或手段，但整体而言，在某些社会关系和社会生活领域，法律并不是主要的控制、调整方法或手段。此外，在各种社会规范的调整方法中，法律有时也不是成本最低的方法。

2.法律调整的范围不是无限的，而是有限的

法律仅调整一定范围内的社会关系，在有些社会生活中，对有些社会关系或社会问题，法律是不适宜介入的。例如，有关人们的私生活问题，在其不触犯法律的情况下，法律是不应当对其进行调整的。如果强制使用外在力量去解决内在问题，不仅无效，反而会产生副作用。正因如此，对于某些行为，虽然本身具有社会危害性，但考虑亲情、感情、隐私等因素，法律仍然不予干涉。例如，刑法中就虐待、遗弃等行为规定的“告诉才处理”即是。

3.法律自身所具有的局限性

法律具有主观意志性，法律本身并不等于客观规律。法律是由人制定的，由于人认识能力的局限，法律在制定出来时总是存在某种不合理的地方。同时，法律是对人们行为的一种抽象的概括，而现实生活中的问题却是具体的、多变的，法律不可能适应整个社会实践。总之，立法既不能预见人类事态的所有变化和发展，也不能为所有的变化和发展提供解决的办法。同时，法律必须具有稳定性，不能朝令夕改、频繁改变。但矛盾在于，社会是不断发展变化的，将相对稳定的法律适用于发展着的社会实践时，就可能出现法律落后实践的地方。因此，法律本身存在缺陷、漏洞、空隙，也是难以避免的。

4.法律的实施受到各方面条件的制约

“徒善不足以为政，徒法不足以自行”。法律作为国家制定或认可的社会规范体系，其实现必须借助于人来完成，还依赖于一定的精神及物质条件，即法要发挥作用往往需要借助相关的人员条件、精神条件和物质条件。从人的方面讲，如果不具备良好的法律素质和职业道德的专业队伍，如果社会主体缺乏相应的权利义务观念、法治观念、民主意识等，社会缺乏精神支撑和文化氛围，那么，再多再好的法律也难以起到预期的作用。从物质条件上看，保证法的作用得以充分发挥需要具备坚实的物质基础，需要相应的物质设施及相应的经费等。如相对完备的侦查、检察、审判组织及物质的附属物。如果这些条件得不到满足，法的作用的实现，同样会遭遇障碍。

二、法的规范作用

法的规范作用包括指引、评价、预测、强制、教育等五方面。具体表现如下。

（一）法的指引作用

法的指引作用指法所具有的能够为人们的行为提供一个既定模式，从而引导人们在法所允许的范围内从事社会活动的功用和效能。指引作用是法的规范作用中最为首要的作用。这是因为，法律的首要目的并不在于要制裁违法行为，而在于引导人们正确地行为，正确地从事社会活动，使人们少违法甚至不违法，让人们能在广泛的社会生活中随心所欲而不逾矩。这正是法的指引作用所追求的。

法的指引作用主要是通过法律规范对人们权利和义务的规定来实现的。它提供了三种模式：一是授权性指引，即允许人们可以这样行为的指引，而人们可自由选择，从而保护和鼓励人们从事法律所提倡或至少是允许的行为；二是禁止性指引，即运用禁止性法律规范，告诉人们不得做什么；三是义务性指引，即运用义务性法律规范，告诉人们应当或必须做什么。

从法的指引作用的接受主体来看，其指引方式有个别指引和一般指引。个别指引，又称个别调整，是指通过一个具体的指示就具体的人和情况的指引；一般指引，又称规范性指引，是指通过一般或普遍的法律对一般或普遍的社会活动主体的行为进行的指引。在规范意义上讲的法律指引，多是一般指引；在具体适用法的法律文件意义上讲的指引，多是个别指引。

（二）法的评价作用

法的评价作用是指法所具有的能够衡量、评价人们行为的法律意义的功用和效能。法律的制定，严格来说，就是将社会上公认的价值准则纳入法律的内容之中，因而人们可以据此对他人的行为进行评价。由此可见，评价的客体是法律上的人（包括自然人、拟制人及国家）所进行的行为。在法治社会中，任何人的行为都必须接受法律的约束。因此，任何人所进行的具有法律意义的行为都应当是法律评价的对象。

在评价标准上，法律评价有合法和违法之分。当一个行为合乎法律规定时，我们就称之为“合法行为”；反之，当一个行为违反了法律规定时，我们就称之为“违法行为”。在特定场合，如果人们没有按照法律的要求做出当为的行为，也视为“违法”而给予负面的评价，例如，行政机关不按照法律规定发给人们许可证和执照。当然，这一评价标准能否完全实现，又取决于法律规定的完善程度。有时，为了弥补合法性评价的不足，法律的评价还可以通过“合理性”来进行。与合法性的评价基础不同，合理性评价主要是指对行为的正当性进行分析。例如，司法机关所作出的有罪判决，虽然在法律规定的幅度范围内进行，但是，涉及处罚的轻重，就必须使用合理性评价标准。

在现实生活中，作为行为的评价标准除了法律外，还有道德、纪律等其他社会规范。在一定情况下，它们与法律可以同时使用，例如，民法上规定的“诚实信用”“善良风俗”等，即可视为是道德评价。但应当注意的是，不能将它们互换使用，既不能用法律评价来取代道德评价等社会规范的评价，也不能用道德评价来代替法律评价，否则，就会混淆法与其他社会规范的区别。

（三）法的预测作用

法的预测作用是指根据法对人们某种行为的肯定或否定的评价及其必然导致的法律后果，人们可以预估到自己行为的后果，从而决定自己行为的取舍和方向的功用和效能。预测作用对于法的遵守具有极其重要的意义。根据法律规定，人们可以预先知道法律对待自己已经做出和即将做出的态度以及所必然导致的法律后果，这样，人们就可以自觉、自主地调整自己的行为，从而获得满意的法律后果。通过法的预测作用，人们还可以判断他人的行为，对他人合法的行为可以予以道义上的支持、帮助，对他人的违法行为自觉予以抵制和抗争，从而提高全社会的法律意识水平。

预测作用对于法律的适用也具有重要的意义。如司法官员或执法官员可以根据自己的预测，对相应的案件采取必要的、分别的法律措施。法律服务者为当事人提供法律上的预测服务，对法律关系的发展变化做出明智的判断，正确处理问题、解决纠纷，及时、合法、有效地维护当事人的权益。人们常说，一个高明的律师，也就是一个能合理预测法官将做出何种判决的律师。

法的预测作用的对象是人们相互的行为，包括国家机关的行为。法的这种预测作用对维护社会的正常运作是必不可少的。通过相互预测对方的行为以及国家机关对这种行为的反应，人们可以建立一种基本的信任，加强对自己的行为和合法权益的安全感。正是人与人之间的这种基本的信任，降低了社会运作的成本，提高了社会运作的效率。当然也要指出，法的预测作用是建立在法的确定性和稳定性、连续性的基础上的。正是法的这种确定性、稳定性和连续性，为人们进行行为的预测提供了可能，这也就决定了法除了必须明确人们的权利和义务外，还不能朝令夕改，任意变更和废除，新法未生效前旧法不能中止效力，否则，人们就无法进行相互行为的预测。

（四）法的强制作用

法的强制作用是指法能运用国家强制力保障自己得以充分实现的功用和效能。法的强制作用是法不可缺少的重要作用，它是其他作用的保障。没有强制作用，法的指引作用会降低，评价作用会在很大程度上失去意义，预测作用会被怀疑，教育作用也会受到严重的影响。

法的强制的主体是国家、社会成员与社会组织。国家是强制的主动主体，社会成员和社会组织是被动主体。法的强制手段即国家强制力，包括警察、法庭、监狱等。法的强制的内容在于保障法律权利的充分享有和法律义务的正确履行。强制的目的在于实现法律权利和法律义务，即实现法律，确保法律的应有权威，维护社会正义，维护良好的社会秩序。

法的强制的被动主体是广泛的，包括国家本身、国家机关、国家机关工作人员、社会成员和社会团体等。没有人可以不受法律的约束。只是对于未违法者来说，法的强制力是一种未加之于其身上的一种可能性。这种强制力加之于其身上的可能性，正是迫使一些人免于违法犯罪的外在力量。法没有强制力，法律义务就难以实现。法对于义务者来说，是一种强制约束；对于权利者来说，是一种强制保护。

（五）法的教育作用

法的教育作用是指法所具有的通过其规定和实施，影响人们的思想，培养和提高人们的法律意识，引导人们依法行为的功用和效能。

法的教育作用的实现主要有三种形式：一是通过人们对法律的学习和了解，发挥法的教育作用；二是通过对各种违法犯罪行为的制裁，使违法犯罪者和其他社会成员受到教育，在自己以后的行为中自觉服从法律，依法办事；三是通过对各种先进人物、模范行为的嘉奖与鼓励，为人们树立良好的法律上的行为模式，发挥法的教育作用。法的指引作用、评价作用、预测作用及强制作用都有一定的教育意义，法的教育作用是普遍存在的，也可以通过多个方面和多种形式得以实现和体现。

法的教育作用是一种独特的作用，在法的作用中具有独特的意义。因为任何没有教育作用的法律，是十分可悲的。一部法律能否发挥教育作用，并不是源于国家强制力所产生的威慑效应，关键是取决于法律本身的规定能否真正属于“良法”的范畴。当法律规定本身就是违反人性的时候，它不仅不会发挥相应的教育作用，更有可能成为人们反抗暴政的导火线。这正如恩格斯所说，守法绝不是不惜任何代价的守法，如果有人借助新的非常法，或者借助非法判决或帝国法院的非法行为，借助警察的专横和行政当局的任何其他的非法侵犯而重新把我们的党实际上置于普通法之外，那么这就是德国的社会民主党不得不重新走向还能走得通的唯一的一条道路——不合法的道路。即使是在英国人这个酷爱法律的民族那里，人民遵守法律的首要条件也是其他权力因素同样不超出法律的范围；否则，按照英国的法律观点，起义就成为公民的首要义务。

三、法的社会作用

作为一种社会调控方式，法具有多种社会作用。我国法学界一般将法的社会作用概括为两个方面：法律维护阶级统治方面的作用和法律执行社会公共事务方面的作用。

（一）法在维护阶级统治方面的作用

在阶级对立的社会中，社会的基本矛盾是对立阶级之间的冲突和斗争。为了维护自己的统治，掌握政权的阶级（统治阶级）必然把阶级冲突和斗争控制在一定的秩序范围内，他们利用国家制定和实施法律，使自己在社会生活中的统治地位合法化，使阶级冲突和矛盾保持在统治阶级的根本利益所允许的界限之内，建立有利于统治阶级的社会关系和社会秩序。其具体表现如下。

1.法确认国家制度，为国家政权的存在、国家机构的运行提供法律依据

国家制度包括国家的国体和政体，是其他各项制度的根据和出发点，支配着整个国家的政治生活。首先，“要立国，须立法”，即法律对于国家制度具有重要意义，将国家制度载入法律之中，才能使制度本身获得法律的崇高地位。在国内法上，合法性首先表现为合宪性。如1949年9月29日通过的《中国人民政治协商会议共同纲领》（以下简称《共同纲领》）具有临时宪法的作用，为中华人民共和国成立提供了宪法基础。《共同纲领》明确规定了中华人民共和国的国体和政体，规定了国家政权的结构组织和工作原则，规定了公民的基本权利和义务，是中华人民共和国建立和发展的法律基础；其次，法律是国家机构设立和运行获得合法性的依据。国家机构是机关体系的总称。世界各国尽管国家机构的组织形式和构成部分存在差异，但其国家机构的设立无不以宪法和法律作为设立根据。

2.法是确认和维护国家政权赖以存在的经济基础

经济基础既包括物质财富的生产，也包括经济制度。任何社会的立法者都把维护国家政权的经济基础作为重要任务。其具体表现如下。

（1）确认经济制度

经济制度是一国一定阶段生产关系的总和。经济制度对法有基础作用，法对经济基础有反作用，这种反作用主要表现为经济制度的法律化，即法律通过设定权利和责任，鼓励、支持符合法定经济制度的行为，惩治违反和破坏法定经济制度的行为，使经济制度获得法律的制度保障和法律的实施保护。同时，可通过立法方式，调整与经济制度相关的社会关系，改变旧的制度，引导建立符合生产力发展要求的新的经济制度。

（2）调整经济关系

经济关系是社会关系的重要组成部分。法律通过确认、保护、限制或禁止等

方式，使经济关系上升为法律关系，以确保各种经济关系获得预期的法律后果，保证正常经济秩序的实现。

（3）促进经济发展

为真正发挥法律对促进经济发展的重要作用，各国法律都把促进经济发展作为基本原则确立下来，并将一些经济政策法律化，使其获得合法性和社会的普遍认同。同时，法对经济发展的促进作用还表现在经济发展遇到障碍时，法律为其化解矛盾，排除干扰。

3.确认和调整统治阶级内部关系和与同盟者之间的关系

统治阶级内部不同群体、不同阶层和不同成员的意志和利益是有差异的。把这些差异统一到统治阶级整体利益之下，规定他们的权利和义务，确定共同的行为准则，使个别利益服从整体利益，个别主张服从统一意志，以维护统治阶级整体的政治统治和经济利益。统治阶级与其同盟者的关系，也需要以法律形式加以确定。

（二）法在执行社会公共事务方面的作用

社会公共事务，是指由一定的社会性质所决定的具有普遍社会意义的事务。管理好公共事务，是各个社会存在和发展的必要条件。法的社会公共事务作用，是法基于其社会性和共同性，对社会公共事务所具有的管理能力。正如恩格斯所言："政治统治到处都是以执行某种社会职能为基础，且政治统治只有在它执行了它的这种社会职能时才能持续下去。"

法律执行社会公共事务的功能主要表现在以下几个方面：①维护人类社会基本生活条件，保证社会劳动力的繁衍生息，如制定有关人口控制、自然资源、环境保护、交通通信、人权保障法规以及其他基本社会秩序的法律。②维护生产和交换条件以及有关生产力和科学技术，如确定生产管理的基本形式，规定基本劳动条件等。③确定使用设备、执行工艺等技术规程，规定产品、服务质量和标准，对易燃、易爆、高空、高压进行严格管理，保障生产和生活安全，防止事故发生，保护消费者利益。④促进教育、科学和文化的发展，如制定专利法、商标法、科技进步法、教育法、教师法、义务教育法等。⑤预防社会冲突，解决社会问题，保全社会结构。⑥对不幸事件的受难者予以救济和各种形式的社会保险。如对地震、水灾等自然灾害以及贫困者、失业者予以救济和各种形式的保险。

当然，由于生产力发展水平和社会性质的差异，在社会发展的不同阶段，社会公共事务的内容和范围会有所不同。但可以肯定的是，随着社会生产的发展和社会制度的变革，执行社会公共事务的法律也必然会日益复杂和增多，其在一国的法律体系中所占的比重会越来越大，地位也会越来越重要。

（三）法的两方面社会作用的关系

在阶级对立的社会中，法的作用可以分为维护阶级统治与执行社会公共事务两个方面。这两个方面的作用是并行不悖、不可偏废的。就具体的法律而论，有的明显地体现了前一方面的作用，有的则明显地体现了后一方面的作用。但也存在两种作用交错并存的法律，或者是某一方面作用占主导地位，另一方面作用占次要地位的法律。在研究法的作用问题时，必须将法的维护阶级统治职能与执行社会公共事务职能结合起来，将法的两种职能看作法的作用的矛盾统一体，它们表现着法的本质的两个不同的方面。

法在维护阶级统治职能和执行社会公共事务职能间也存在着明显的区别。主要表现在以下四个方面。

1.两者保护的直接对象不同

维护阶级统治职能的法的对象集中在阶级统治；而执行社会公共事务职能的法的对象是阶级统治以外的事务，其中包括技术规范的内容，是技术规范的法律化。

2.体现的意志和保护的利益不同

维护阶级统治职能的法只体现统治阶级的意志，保护统治阶级的利益；执行社会公共事务职能的法既维护统治阶级的利益，又包括被统治阶级在内的全社会共同需要。

3.实施的后果不同

实施维护统治阶级职能的法只利于统治阶级，不利于被统治阶级；而执行社会公共事务职能的法不仅有利于统治阶级，也给被统治阶级带来一定的好处，有利于整个社会发展。

4.借鉴的程度不同

维护阶级统治职能的法具有强烈的阶级性，其他国家或者新的统治阶级难以学习和借鉴；执行社会公共事务职能的法的阶级性不强，其他国家易于学习和借鉴，甚至移植，也易于被新的统治阶级继承。

第三章　法的外延

第一节　法与经济

一、法与经济的关系

法作为一种社会现象，与其他社会现象存在程度不同的联系，其中与经济的联系最为根本。在法与经济的一般关系中，法与经济基础和生产力的关系尤为密切且重要。

（一）法与经济基础

第一，经济基础决定法。例如，在原始公有制社会，由于不存在阶级划分，因而也不存在作为阶级意志的法。随着经济的发展，出现了私有制以及与其相伴的阶级分化，才产生了首先和主要反映一定阶级意志的法。法的许多特点也由经济基础所决定，如奴隶制法公开保护奴隶主对生产资料和奴隶人身的双重占有权，这便是由奴隶制经济基础的特点所决定的。①

第二，法反作用于经济基础。法有特殊的强制性，可以帮助执政阶级摧毁或改造旧的经济基础，阻止不利于自己的经济基础产生，并致力于消灭或改造旧经济基础的代表者。如中华人民共和国成立后实施的《中华人民共和国土地改革法》和其他一系列法律法规，对摧毁封建土地所有制、改造生产资料私有制发挥了重要作用。法具有指引和预测作用，可以促进经济关系和经济活动朝着健全、

① 董国良.法学[M].北京：首都师范大学出版社，2022：43-51.

完善的方向发展；法具也是经验的总结，可以起到完善和发展经济关系的作用。法对经济基础具有反作用。当法为先进的经济基础服务时，就是促进经济发展和社会进步的积极力量；当法为落后的经济基础服务时，就是阻碍经济发展和社会进步的消极力量。

（二）法与社会生产力

第一，生产力发展水平、性质、要求和整体功能状况对法起决定作用。一方面，社会生产力通过经济基础的中介，在深层次或根本意义上决定法的产生、性质和发展变化等；另一方面，社会生产力在相当大的程度上，直接影响、制约法的形式、内容、体系、观念、调整范围和发展变化等。

第二，法对生产力具有一定反作用。当法服务的经济基础适应生产力发展要求时，法对生产力的发展便起促进作用；当法服务的经济基础已成为生产力发展的桎梏时，法对生产力的发展起阻碍作用。同时，法对生产力也有直接的促进或阻碍作用。一方面，生产力的发展会在法的领域反映出来，并提出许多新的问题，将直接导致法的调整范围的扩大和调整方法的改变。而法的调整范围和调整方法的变化，又直接影响生产力的发展；另一方面，法中有许多关于保护劳动者的权益、保护自然资源的法规，也直接起到保护生产力的作用。

（三）法与经济体制改革

第一，经济体制改革促进法的发展。这些年来，我国法制和法治建设有很大发展，与经济体制改革的促进是分不开的。这表现在经济体制改革有力地推动着立法的开展：一是改革加速了法的制定、修改和废止的进程。随着经济体制改革的进行，经济关系中开始产生一系列新的关系或变化，一方面要求尽快制定新法以适应改革的需要，由此产生了大量的经济法律法规和规章；另一方面要求对不适应形势需要的现行法律法规和规章，加以修改、补充或废止，促进法的完善。二是改革推动着法的体系建设。随着改革的推进，这一阶段法的体系建设在总体上呈直线上升趋势，每年有大批法律法规和规章产生；整个法的体系以宪法为核心和基础，绝大多数部门法有了重要法律作为核心法。三是改革促进立法体制的发展和完善。在改革的推动下，这一阶段我国立法权限划分体制朝着完善化的方向迈进，形成了一个以国家立法权为主导、在一定程度上分权的多级并存、多类结合的立法权限划分体制；立法主体设置体制了有很大进步，人大常委会建设持续加强，政府法制机构逐步建立；立法运行体制逐步发展，关于专门规定法律法规和规章如何制定的规范性文件不断涌现。

第二，经济体制改革促进司法领域发生变化。主要变化体现在两个方面：一是促使司法队伍扩大。例如，经济体制改革给经济立法、行政立法带来很大发展，因而经济司法和行政诉讼也相应得到发展。其在组织上的一个变化表现，就是各级法院逐渐设立了经济庭和行政庭。二是促使司法人员提高业务水平。例如，法律规定得再完备也不可能包括所有事例，改革中经常发生所谓“合理不合法”或“合法不合改革”的情况。在这些情况面前，立法要加强不言而喻，司法人员要善于正确理解和适用法律、法规和参照规章。面对改革中出现的新情况，司法人员必须具有高度的政策水平、法制理论水平和丰富的法学知识，善于按法的基本精神处理问题。这就要求司法人员必须不断提高自己的业务水平。

第三，经济体制改革促使全社会增强法律意识。这些年来，改革中涉及的大量法的问题，持续开展的普法宣传，每年产生的难以计数的合同关系，把法、法制和法治推到国家生活、社会生活和公民生活的突出地位上。人们从来没有像现在这样渴望得到法学知识，理直气壮地运用法的武器维护自己的利益，也从来没有像现在这样关心法制和法治建设。全社会的法律意识，就是在这种背景和氛围中逐步增强的。

第四，法促进和保障经济体制改革。其一，法促进和保障经济体制改革的必要性和可能性。在我国进行的经济体制改革是经济手段的改变，社会主义法的本质、根本任务、社会作用与改革的性质、目的是一致的，法的规范作用与改革的方式也是一致的。这就决定了社会主义法有必要，也有可能促进和保障经济体制改革。同时，这场改革实际上是对我国的社会经济关系以及其他种种社会关系进行重新组合，而调整社会关系正是法的主要职能。其二，法具有促进和保障经济体制改革的作用。一是法可将改革的政策方针确立下来，使改革获得法的依据，并凭借法的普遍性、强制性在全国范围内有效地开展，保障改革沿着正确的方向发展。二是法可将改革的成果和经验确立和巩固下来，并使其得以有效的推行，保障改革能稳定地、成功地、深入地进行下去。三是法可发挥它的权威性、普遍性，为改革所需要的安定的社会环境和社会秩序提供保障。其三，法对促进和保障经济体制改革有重要作用。事实上，我国不仅在宪法中关于社会主义经济制度的规定体现了改革的精神，近年来，各种经济法律法规的制定和实施，也与经济体制改革并行发展且密不可分。

二、法与市场经济

（一）市场经济实质上是法治经济

市场经济实质上是法治经济，体现了市场经济与法治之间的紧密联系和相互依存关系，主要表现在：其一，市场经济是主体独立的经济。市场经济主体需要由法律确立其自主经营、自负盈亏、自我发展、自我约束的市场主体地位，需要有法律确认和保障的从事商品生产、市场交换和其他经济活动的财产权和其他经济权利。其二，市场经济关系是契约经济关系。现代市场的产品生产、市场交换、分配方式、产品消费、社会保障等各个环节，几乎通过契约来实现。虽然形式上有许多差别，但实质上都是契约关系的表现。从身份到契约，是从自然经济到市场经济的主要标志。契约关系是一种法律关系，具有法律约束力，也需要法来确认和保障。其三，市场经济是自由竞争、平等竞争的经济。竞争需要规则，要实现自由竞争、平等竞争，就必须保障自由、平等，维护公平、正义。这种规则和规范的主要表现形式就是法。其四，市场经济是有序经济。要使市场经济成为有序经济，离不开法制和法治的作用。其五，市场经济是开放型经济。现代市场经济的内在动力机制使其呈现扩展的状态，这种扩展使世界各国经济联系趋于密切，维系这种联系的保障主要是国际经贸法律、规则和惯例。当前，WTO规则使得国内市场带有国际化特点，因而也要求成员方内部法律与国际经贸法律、规则和惯例接轨。

（二）法在市场经济宏观调控中的作用

现代市场经济需要国家对其实行以间接手段为主的宏观调控。政府运用经济、法律和必要的行政手段管理国民经济，不直接干预企业的生产经营活动。要实现经济的良好发展，不仅需要市场经济机制这只“看不见的手”，还需要国家宏观调控这只“看得见的手”，以弥补市场经济的不足。法律的作用主要在于：一是对市场经济的运行起引导作用。国家通过法律引导市场经济主体遵循市场经济普遍适用的规则，抑制各种经济主体的随意发展和不同主体之间的利益冲突，使市场经济得以健康发展。二是对市场经济的运行起促进作用。国家通过直接调整市场经济的法规，如民法、商法、经济法等，为市场的发展和完善创造条件、扫除障碍，促使市场按规律发展。同时，通过其他不直接调整市场经济的法律，为正确处理政治关系、一般社会管理关系和家庭关系等提供标准，间接促进市场经济发展。还以法律确认政府职能的转变，促使其更好地为市场经济服务。三是对市场经济的运行起保障作用。国家通过法律来确认和维护市场经济主体的法律地位和正当权益，确立和维护必要的平等原则，调整经济活动中的各种关系，解决经济活动中的各种纠纷，建立和维护必要的秩序和环境，为市场经济运行提供利益保障、平等保障、秩序保障和环境保障。四是对市场经济运行起必要的制约作用。国家通过法律规范引导、促进和保障市场经济的同时，也制约市场经济中的自发性、盲目性等非有序化倾向和片面强调本位物质利益的消极因素，使市场经济健康发展。

第二节 法与文化

法与文化是人类社会中两个重要的概念，它们相互联系、相互影响，对社会生活和发展产生深远的影响。

一、文化的内涵

（一）文化及其特点

“文化”一词的概念，随着人类历史的发展不断深化和丰富。在欧洲，“文化”一词刚出现时，与其他词汇混合使用，并非我们当下所赋予的含义。在拉丁语和中古英语中，它有“耕耘”或“掘种土地”的意思。这种用法在今天的“农业”和“园艺”两词中仍有保留，指的是一种农艺技术。

在中国古代，“文化”一词很早就独立使用，并且对它的理解比欧洲更为深刻。早在南朝，著名文学家王融在《三月三日曲水诗序》中写道：“设神理以景俗，敷文化以柔远。”在这里，“文化”指的是封建王朝所施的文治和教化，虽含有统治阶级的统治权术之意，但所包含的内容要比当时西欧对文化内容的理解广泛得多。

“文化”一词在欧洲首次独立使用是在18世纪的法国。法国启蒙思想家将文化解释为一种教养，指通过教育获得的良好的风度以及文学、艺术和科学方面的修养。

对文化更深刻的认识是在当代。当代认为文化不只是某一种工艺或农艺，也不只是人们的教养和风范。文化涉及的范围十分广阔，从政治、经济、艺术到科学、技术、教育、语言、习俗等几乎无所不包。尽管目前对于文化的定义有上百种之多，但不论它们之间有多大的不同，几乎所有的学者都认为：文化是人类的一种生活方式，是人类在长期斗争中积累下来并世代相传的关于如何适应环境、与自然作斗争、协调人类内部关系的行为模式。它反映了人类对于物质和精神世界的全部认识，并通过人类的道德、价值、知识、信仰、风格、习惯、才能等方面表现出来。文化是人类历史的沉积物，是人类宝贵的精神财富，也是人类区别于其他生物的标志。

由此可见，首先，文化是一种复杂的行为模式；其次，文化不是指个别人或少数人，而是指某一群体共同的行为模式；再次，文化是一个综合的概念，几乎涵盖人类的所有行为领域，其核心是人们的价值观念；最后，根据不同的价值标准，可把文化划分为不同类型的文化或亚文化（在一个较小的社会中的文化）。

（二）文化的分类

根据文化的结构和范畴，文化可分为广义文化和狭义文化。广义文化即大写的文化，狭义文化即小写的文化。

加拿大心理学家汉科特·汉默里把文化分为信息文化、行为文化和成就文化。信息文化指一般受教育的本族语者所掌握的关于社会、地理、历史的知识；行为文化指人的生活方式、实际行为、态度、价值等，它是成功交际最重要的因素；成就文化是指艺术和文学成就，它是传统的文化概念。

文化是智慧群族的一切群族社会现象与群族内在精神的既有、传承、创造、发展的总和，它涵括智慧群族从过去到未来的历史，是群族基于自然的基础上所有活动内容，是群族所有物质表象与精神内在的整体。由于文化的多样性和复杂性，很难有一个准确、清晰的标准。因此，对文化的划分只是从某一个角度分析。

首先，文化可分为物态文化、制度文化、行为文化、心态文化（精神文化）。物态文化是人类的物质生产活动方式和产品的总和，是可触知的具体实在的事物，如衣食住行。它是一种可见的显性文化。制度文化是人类在社会实践中建立的规范自身行为和调节相互关系的准则，属于不可见的隐性文化。行为文化是人际交往中约定俗成的礼俗、民俗、风俗和习惯，它是一种社会的、集体的行为。心态文化（精神文化）是人们的社会心理和社会的意识形态，包括人们的价值观念、审美情趣、思维方式以及由此而产生的文学艺术作品，这是文化的核心，也是文化的精华部分。

其次，文化可分为高级文化、大众文化和深层文化。高级文化包括哲学、文学、艺术等。大众文化指习俗、仪式以及包括衣食住行、人际关系各方面的生活方式。深层文化主要指价值观的美丑定义、时间取向、生活节奏、解决问题的方式以及与性别、阶层、职业、亲属关系相关的个人角色。高级文化和大众文化均根植于深层文化，而深层文化的某一概念又以一种习俗或生活方式反映在大众文化中，以一种艺术形式或文学主题反映在高级文化中。

（三）文化的作用

1.整合作用

文化的整合作用是指其对协调群体成员行动所发挥的作用。社会群体中不同的成员都是独特的行动者，他们基于自己的需要、对情景的判断和理解采取行动。文化是他们沟通的中介。如果他们能够共享文化，那么他们就能够有效地沟通，消除隔阂，促成合作。

2.导向作用

文化的导向作用是指文化可以为人们的行动提供方向和可供选择的方式。通过共享文化，行动者可以了解自己的何种行为在对方看来是适宜的、可以引起积极回应的，并倾向于选择有效的行动，这就是文化对行为的导向作用。

3.维序作用

文化是人们以往共同生活经验的积累，是人们通过比较和选择认为是合理并被普遍接受的东西。某种文化的形成和确立，就意味着某种价值观和行为规范被认可和被遵从，这也意味着某种秩序的形成。而且只要这种文化在起作用，那么，由这种文化所确立的社会秩序就会被维持下去，这就是文化维持社会秩序的功能。

4.传续作用

从世代更替的角度看，如果文化能向新的世代流传，即下一代也认同、共享上一代的文化，那么文化就有了传续作用。文化作为一种精神力量，能够在人们认识世界、改造世界的过程中转化为物质力量，对社会发展产生深刻的影响。这种影响不仅表现在个人的成长历程中，而且表现在民族和国家的历史中。人类社会发展的历史证明，一个民族，物质上不能贫困，精神上也不能贫困，只有物质和精神都富有，才能自尊、自信、自强地屹立于世界民族之林。

二、法与文化的关系

法与文化之间存在密切的关系，主要表现在以下几方面。[①]

（一）法律制度往往反映了特定文化的价值观和规范

法律的形成和制定往往基于对社会公共利益和社会道德的追求，而这些价值观和道德规范往往来源于一定文化的传统和习惯。例如，某些国家的法律对家庭价值观和婚姻制度有较严格的规定，这反映了这些国家社会中家庭和婚姻观念的重要性。另外，法律也可以通过规范和引导个人和集体行为来影响和改变社会文化。例如，一些国家通过法律推行环保政策，鼓励减少污染、保护自然资源等，这不仅是对自然环境的保护，也是对一种新的环境价值观的宣导和引领。

（二）法与文化之间也存在冲突和矛盾

不同的文化中可能存在不同的价值观念和行为规范，这使得法律在跨文化背景下的实施变得复杂和困难。例如，某些文化中可能存在特定的习俗和习惯，这些习俗和习惯可能与某些法律规定相冲突。在这种情况下，如何平衡法律的统一性和文化的多样性成为一个重要问题。另外，法律的实施和执行也会对文化产生影响。因为法律具有硬性规则的特点，它需要通过法律制定、法院审判和执行来

① 昝丽.基于法学实践的法理学应用研究[M].哈尔滨：哈尔滨工业大学出版社，2020：54-62.

实现其效力。这些制度和行为对社会中的文化习俗和行为方式都有一定的规范和影响。法律的严格执行和制裁机制能改变人们的行为习惯和价值观念，从而对社会文化产生影响。

总之，法与文化是人类社会中两个至关重要的概念。法律规范和文化传统能够相互映照、彼此借鉴，以达到社会秩序稳定和文化发展的目标。然而，在跨文化背景下，法律的实施和文化的保护面临着较大的挑战和困难。因此，我们应该通过加强法律与文化的对话和合作，寻求一种既尊重文化多样性又能维护公共利益的平衡机制。

第三节　法与科技

一、法与科技的相互关系

（一）科学技术对法的影响

科学技术对法的影响主要表现在以下几个方面。①

其一，科学技术的发展改变着人类的面貌，不断为人类的法治建设和法学研究开辟新的领域，提供新的方法。

其二，科学技术对法的内容、调整范围以及与之相关联的法的体系产生影响。航空法、太空法、原子能法、环境保护法等一系列新法律的出现，以及有关如何确定人工授精和试管婴儿血亲关系的法律规范的产生等的现象，都与科学技术的发展直接相关。

其三，科学技术对立法制度和立法技术发生影响。由于立法涉及的科学技术越来越多，立法机关往往感到力不从心，不得不把这类立法工作委托给某些专职机关，这就导致了“委任立法”的产生。科学技术的发展导致电钮表决法案的方式出现，同时也导致大量专业性、技术性术语在法律、法规中涌现。

① 董国良.法学[M].北京：首都师范大学出版社，2022：65-73.

其四，科学技术对法的适用产生影响。在新的违法犯罪行为以及相应的刑事处罚立法出现的同时，也出现新的法的适用手段。例如，在认定事实方面广泛借助科学技术手段进行司法鉴定。一些国家处罚罪犯的方法已用注射致死、高压电椅代替枪决、绞刑等。

（二）法对科学技术的作用

当工业革命促使科学技术走出作为个人消遣和私人手艺的狭小天地，给社会带来巨大变化并引发种种新的社会问题时，科学技术的发展需要法的调整、需要法对其发挥作用便成为必然现象。

法对科学技术的作用主要有：

其一，对科学技术的发展发挥引导、组织和管理的作用。用法律手段确认和保证科学技术发展在社会生活中的优先地位，确定科学技术发展的战略方向和任务，组织、协调和管理科学技术活动，对科学技术的组织机构、人员管理、奖励以及其他环节形成健全制度，这在各国已成为普遍的现象。

其二，法对科学技术发明创造发挥鼓励作用，对科学技术成果的合理使用和推广发挥保证和促进作用。

其三，法对科学技术发展发挥保障作用，对科学技术发展所带来的消极后果具有抵制和防范作用。法可以为科学技术发展提供必要的社会秩序。通过对违法犯罪活动实行法律制裁，保障科学技术活动正常进行。为抵制和防范利用科学技术成果发动战争、损害人类，防范和抑制利用科学技术成果从事高科技犯罪等，也都需要运用法的手段。

其四，法对国际科技合作发挥推动和协调作用。当今世界，国际科技合作和科技贸易已成为国际公法、国际私法和国际经济法的重要内容。

二、当代中国法与科技

中国科技法日渐发展，产生了为数众多的调整科技社会关系的法律和法规、规章；科技法律制度逐步建立和发展，形成了内容丰富、涵盖诸多领域的科技法律制度。

中国的科技法主要是在最近二十多年来制定的。它们同其他许多国家的科技法一样，采取了以下四种形式。

其一，宪法规定，即在宪法中对科学技术问题作出原则性规定。1982年，《中华人民共和国宪法》（以下简称宪法）在序言部分将实现科学技术现代化作为中国现代化战略目标之一，并在总纲、公民基本权利和义务、国家机构等章节中，对发展科学技术的有关方面作出了规定。

其二，专门的科学技术法律、法规和规章。这是科学技术法最主要形式之一。法律如《中华人民共和国科学技术进步法》《中华人民共和国专利法》《中华人民共和国海洋环境保护法》《中华人民共和国水污染防治法》《中华人民共和国农业技术推广法》《中华人民共和国促进科技成果转化法》等，行政法规和地方性法规则更多。

其三，在一些技术性较强的法律法规和规章中对科学技术的有关问题作出某些规定。这类法律法规和规章如《中华人民共和国计量法》《中华人民共和国标准化法》等。

其四，在其他有关法律法规和规章中对科学技术的有关问题作出某些规定。如《中华人民共和国中外合资经营企业法》第一条指出，允许兴办合营企业的主要目的之一是扩大国际经济合作和技术交流。

第四章　法律的施行

法律的生命力在于其在社会生活中的施行，如果法律创制出来后被束之高阁，那么法律创制就没有任何意义。法律施行是法律在社会现实生活中的具体运用和实现，是法律从纸面规定转化为现实生活的过程。法律施行对于法治来说至关重要，它是法律作为社会调控手段的关键环节，是实现法律功能的必要条件，是构建社会秩序的根本保障。如果说立法是法治的前提和基础，那么法律施行就是法治的关键和核心。法律施行是一个由行政机关执法、司法机关司法、所有社会主体守法并进行法律监督等方面构成的系统工程。

第一节　执法、司法、守法

一、执法

（一）执法及其体系

法律不会自行在社会生活中发挥作用，法律的一个基本特征是它以国家强制力为施行的根本保障。因此，国家机关在法律施行中居于极为重要的地位，保障法律施行是国家机关及其公职人员的一项重要职能，所有国家机关及其公职人员都必须依照法律规定的职权和程序施行法律。[①]

① 黄玉敏.法学基础理论与应用（第二版）[M].北京：高等教育出版社，2022：78-91.

1.执法的概念

执法即行政执法，是指国家行政机关和法律委托的组织及其公职人员依照法定职权和程序行使行政权、执行和落实法律的活动，它是法律实施的重要组成部分。作为法律施行环节的执法，并不是指所有国家机关及其公职人员的活动，而仅仅是指国家行政机关及其公职人员的法律实施活动。我国宪法规定："中华人民共和国国务院，即中央人民政府，是最高国家权力机关的执行机关，是最高国家行政机关"（第八十五条）；"地方各级人民政府是地方各级国家权力机关的执行机关，是地方各级国家行政机关"（第一百零五条）。国家权力机关制定的法律文件，主要是通过国家行政机关的日常职务活动来贯彻执行的。执法使大多数法律在社会生活领域发挥作用，从而为国家各项事务依法进行、有序运作提供保障。

2.执法的分类

执法的范围极为广泛，按照不同的标准，可以对执法进行不同的划分。

第一，以行政机关的执法是否主动进行为标准，可分为依职权执法和依申请执法。依职权执法是指行政机关可以不依相对一方申请，而是依照法定职权主动进行的行政执法行为，如税务机关收税、质监部门进行产品质量检查等。依申请执法是指行政机关只有在相对一方提出申请之后才能实施的行政执法行为，如颁发驾驶执照、进行结婚登记、专利登记等行为。区分依职权执法和依申请执法的意义在于，不依法定职权主动执法将构成行政失职；而对依申请的执法，只要当事人不提出申请，行政机关就无责任，只有在当事人提出申请、行政机关不予答复时，才构成不履行或拖延履行法定职责的责任。

第二，以执法受法律规范拘束的程度为标准，可分为羁束性执法和自由裁量性执法。羁束行政执法是法律法规对需执行的事项有明确、具体的规定，执法者必须严格按照法律法规的规定执行，排除主观选择、不能自由处置的执法行为；自由裁量行政执法在法律法规的规定中，执法者可以在范围、方式、数额等方面有一定选择余地的执法行为。羁束与自由裁量是相对的，如征收个人所得税的条件与税额一般都没有选择余地，治安管理处罚却有一定的幅度，可供行政机关自由裁量。需要注意的是，行政执法在多数情况下都属自由裁量。但自由裁量也必须根据法律法规的授权和在法定的幅度以内进行，否则就可能导致行政执法权滥用。区分羁束和自由裁量的意义，在于区分行政执法行为的违法与不当。也就是说，当事人对属于羁束执法行为不服，属于行政执法是否违法的问题，可以依法向法院提起诉讼；当事人对自由裁量执法行为不服，则属于行政执法是否“适当”（或是否显失公正）的问题，除行政处罚外，一般不属于行政诉讼解决的问题。

第三，以行政职权的来源为标准，可以分为授权执法和委托执法。授权执法是指法律法规将某项或某一方面的行政职权的一部分或全部，通过法定方式授予某个组织执行的法律行为。这一概念的内涵包括以下三点：一是行政授权执法只能由法律法规（包括行政法规和地方性法规）授予，规章和规范性文件不具备授权的资格；二是授权执法必须以法定方式进行，必须在法律法规中明文规定；三是被授权的组织必须具有执行行政职权的能力，具有管理公共事务的职能，否则不能成为被授权的组织。根据有关法律法规规定，被授权的组织必须依法成立，具有相应的机构、人员、经费，具有管理事务的职能，能以自己的名义实施执法权并对自己的行为承担相应的法律后果。

委托执法是指行政执法主体将其执法职权的一部分依法委托给其他组织或个人来执行的法律行为。这一概念包括以下四层含义：一是委托机关必须是具有行政执法主体资格的行政主体；二是委托内容是行政执法职权的一部分而非全部职权；三是委托必须依法定依据、按法定程序进行；四是受委托组织必须是符合法定条件的组织。

3.执法的特征

执法与立法、司法一样，在性质上属于国家机关的法律活动，不是以个人名义进行的，而是以整个国家名义进行的，因而具有国家意志性。然而，执法与立法、司法存在诸多区别，各自具有自己的特征。

（1）法定性

一方面，行政执法是宪法授予行政机关的一种法定职权和职责；非经法律授权或有权部门委托，任何组织和个人都不得行使执法权。另一方面，执法权不是一种任意性权力，而是一种法定权力。宪法和行政法为行政主体规定了执法权及其行使的原则、方式和程序，行政主体依照法律规定行使执法权。当然，由于大量的行政事务无法在法律上明确具体地加以规定，从而给行政主体行使执法权留下了自由裁量的空间。

（2）主动性

通常情况下，执法是行政机关的法定职责和义务，行政机关必须主动地、积极地依照法律规定行使职权和履行职责，无须行政相对人的主观表达。

（3）单方意志性

大量的执法行为由执法主体自行决定和直接实施，无需征得相对人的同意。例如，国家行政机关依法对市场进行监督检查，依法要求行政相对人遵守环境保护法、遵守交通法、依法纳税、依法服兵役等。当然，并不是所有执法行为都具有单方意志性，如行政复议、行政仲裁、行政调解、行政裁决、行政指导等部分执法行为不具有单方意志性。

（4）执行性

如果说立法权是国家立法机关制定法律、表达人民意志的权力，那么行政权就是国家行政机关执行法律、执行人民意志的权力。行政机关运用行政权执行法律，执行性是执法最显著、最直接、最原始的特征。

（5）广泛性

执法是以国家名义对社会实行全方位的组织和管理，它涉及一个国家和社会的方方面面，包括政治、经济、外交、国防、财政、文化、教育、卫生、体育、科技、工业、农业、商业、交通、金融、治安、社会福利等，内容十分广泛。尤其在当下，社会事务更复杂，行政管理的范围更广泛，执法的范围日益扩大，执法对社会生活的影响日益深刻。执法范围的广泛性，表明了执法具有管理社会、服务社会的功能，也彰显执法管理性、服务性的特征。

（二）当代中国的执法体系

执法是任何国家都存在的法律现象，然而在不同国家、不同时代，由于社会事务的复杂程度不同，执法体系也存在区别。在现代社会，行政事务纷繁复杂，法律规范多种多样，各国依据本国国情建立了由不同执法主体执行法律且分工配合的执法体系。那么当今中国的执法体系如何呢？在我国，执法体系主要由三个部分构成。

1.政府的执法

政府的执法在我国执法体系中占据重要地位，包括中央人民政府的执法和地方各级人民政府的执法。中央人民政府执法的范围遍及全国，其内容涵盖制定行政法规、领导和监督各项行政管理工作等。地方人民政府的执法既包括执行国家宪法、法律、行政法规，也包括执行地方性法规，其权力局限在本行政区域内。民族区域自治地方的人民政府除行使宪法和法律规定的执法权之外，同时依据宪法、民族区域自治法和其他有关法律的规定行使自治权，根据本地实际情况执行国家法律。

2.政府工作部门（职能部门）的执法

政府工作部门是各级人民政府的下属机构，包括国务院各部委和地方各级人民政府的下属机构。根据法律规定，我国有权执法的政府工作部门主要有工商、公安、税收、物价、环境保护、食品卫生、技术监督、土地管理、地质地矿、电力、城建、林业、农业、渔业、水利、交通、铁路、民航、海关、金融、计量、统计、审计、外汇管理、烟草专管、劳动、人事、教育、科技、文化、新闻出版、广播电影电视、卫生、计划生育等。随着我国社会管理模式的转变和法治政府建设的推进，政府工作部门将主要通过执法来进行行政管理。

3.法律授权或行政委托的社会组织的执法

法律授权的社会组织执法包括一般社会组织和社会团体（如律师协会、体育协会、消费者协会、红十字会等）的执法、企事业组织（如物资公司、烟草公司、电力公司、食品卫生监督站等）的执法、基层群众自治组织（居民委员会、村民委员会等）的执法、仲裁组织和裁决组织的执法、技术检验和鉴定机构的执法、民间治安保卫组织的执法。行政委托的社会组织执法，例如企事业组织、基层群众自治组织等受行政主管部门委托执行有关法律，如代民政部门发放救灾救济物资、代税务部门收税、代统计部门办理统计事项等。

（三）执法的基本原则

行政权力在国家各种权力中是最活跃、最经常、最普遍、直接运用的权力，与公民、法人和其他组织（包括各种经济组织）具有最密切的联系，因此容易发生行政侵权问题。行政执法作为国家行政权行使的方式，不能毫无约束。为了防止发生行政侵权问题，行政执法主体在执法活动中应该遵循一定的原则，其中有四条最为基本，即合法性原则、合理性原则、效率原则和应急性原则。

1.合法性原则

合法性原则即依法行政原则，是现代法治国家对执法的基本要求，也是法治政府的基本标志。这一原则要求行政权的存在、行使必须依据法律，不得与法律规定相抵触。具体包括：一是执法主体必须基于法律的授权。没有授予行政职权的组织不是合法的执法主体，超越授权执法的组织也不是合法的执法主体。二是执法主体必须在法律规定的职权范围内行使权力。三是行政授权、行政委托必须有法律依据且符合法律要旨。

2.合理性原则

这一原则是为避免行政自由裁量权滥用而确立的。执法具有广泛性。行政执法是一项范围广泛、内容复杂的活动，法律不可能对任何方面都作出具体的规定，在许多领域只能规定基本原则和基本规则，给行政机关留有较大的自由裁量权。但自由裁量权不能滥用，必须坚持合理性原则。执法主体的执法活动必须符合法律的基本精神和目的，做到适当、合理、公正，具有客观、充分的事实根据和法律依据，与社会生活常理相一致，平等对待行政相对人，公平、公正，不偏私、不歧视。所采取的措施和手段应当是必要的、适当的，避免损害当事人权益。对于不适当、不合理等显失公平的执法行为，应当依法及时予以纠正，宣布无效并予以取消。

3.效率原则

这一原则要求行政机关在执法时，以尽可能快的时间、尽可能少的人员、尽可能低的经济耗费，取得尽可能大的执法效益。与国家立法、司法相比，执法更强调效率，要求执法主体从保护公民权利和国家利益出发，对行政相对人的各项请求及时做出反应，对各种行政事务及时通过执法做出反应。从执法整体而言，要坚持效率原则，则需做到：一是严格遵循行政程序和时限规定；二是建立精干的行政机构组织；三是加强执法的成本与效益分析。行政机关在执法时应该尊重科学，考虑客观规律，使执法行为具有最大的合理性，尽可能给国家、社会、公民带来益处，避免或减少对国家利益、社会利益和公民利益的损害。

4.应急性原则

这一原则是指在某些特殊紧急情况下，如发生自然灾害、战争、恐怖主义活动时，出于国家安全、社会秩序或公共利益的需要，执法机关可以采取没有法律依据或与法律相抵触的措施，它是合法性原则的例外。但应急性原则并非排斥任何法律控制，一般而言，行政应急权力的行使应符合四个条件：一是存在明确无误的紧急危险或危害；二是非法定机关不得行使应急权力，否则无效，除非事后经有权机关做出特别决定予以追认；三是行政机关做出应急行为应接受有权机关的监督，尤其是权力机关的监督；四是应急性权力的行使应当适度，应将负面损害控制在最小范围内。

二、司法

司法是一项至关重要的法律活动，在现代社会法律运行中占据极为重要的环节，对实现立法目的、发挥法律的功能具有意义。培根在《论司法》一文中写道："为法官者应当在法律的范围内以公平为念而勿忘慈悲，应当以严厉的眼光对事，而以悲悯的眼光对人……律法所在之处乃是一种神圣的地方；因此不但是法官的座席，就连那立足的台、听证的围栏都应当全无丑事贪污的嫌疑才好……为法官者要记住罗马的十二铜表的结语：'人民的幸福即是最高的法律'。"那么，什么是司法？它具有怎样的特征？其根本价值又是什么？这是我们接下来要深入探究的问题。

（一）司法的概念与特征

司法的概念由来已久，其含义和功能随着历史变迁而不断发展。自近代以来，司法成为司法机关运用法律处理案件的专门活动，兼具解决社会纠纷、打击违法犯罪、进行权利救济、维护社会秩序等功能，被人们称为社会矛盾的"调节器"、社会稳定的"安全阀"。为保障司法功能的充分发挥，各国建立了司法机关，构建了司法体制。所谓司法体制，是指国家设置司法机关和法律授权给专门组织以及这些组织之间的职权划分和相互关系。目前，世界通行的司法活动主要是法院的审判活动，司法权即审判权，检察权属于行政权，检察机关属于行政系统。我国的司法体制具有特殊性，不仅将司法权分为检察权和审判权，分别由人民检察院和人民法院行使，而且人民检察院行使检察权、人民法院行使审判权都要受到国家权力机关的监督，法官审判案件也要受到法院内部运行机制及来自法律监督机关的监督。

司法与执法都是法律运行不可缺少的环节，是实现法律的必要方式，但这是两种具有不同性质、内容和功能的活动。司法以其独有的特征与执法区分开来，这些特征主要有以下六个方面。

1.被动性

司法权的行使并非主动地介入人们之间的纠纷，只有在纠纷已存在且有当事人愿意通过司法途径解决时，司法权才在现实中开始运作。这也就是人们通常所说的“不告不理”。

2.中立性

为确保司法正义，司法运作时不偏向争讼中的任何一方，以中立的立场平等对待双方当事人的权利请求和抗辩主张。正如塞万提斯小说《堂吉诃德》中堂吉诃德对桑丘的告诫：无论是富人许诺或馈赠，还是穷人流泪或纠缠，你都要注意查明真相；如果你审理某个冤家对头的案子，一定要排除个人感情，实事求是地判案；你不要徇私枉法，案子判错了往往无法补救，即使能够补救，也会损害自己的名誉和财产；如果有漂亮的女人请你办案，你一定不要被她的眼泪和呻吟蒙蔽，要仔细地研究她所要求的内容，免得让她的哭泣影响你的理智，让她的唉声叹气动摇了你的心。

3.程序性

司法遵循严格的程序规则进行运作，以达到实体正义的目标。这些程序在《中华人民共和国民事诉讼法》《中华人民共和国行政诉讼法》和《中华人民共和国刑事诉讼法》等法律中均有明确规定。需要注意的是，对于法律规定的程序，既不能偷工减料，也不能画蛇添足。

4.权威性

司法权是宪法授予司法机关的国家权力，司法机关以国家名义进行司法活动，因而在权力设定上保障了其权威性。此外，司法的公正性、公平性、公开性也为当事人服从司法裁判，从而使司法裁判获得权威性提供了重要保障。

5.强制性

司法的强制性与权威性是相辅相成的。为了保障司法的权威，必须强调司法的强制性，司法以国家强制力为后盾保障其裁判结果得到执行。司法机关适用法律规范做出的裁决，非经法定机关和程序，任何机关、组织和个人不得修改或拒绝执行，否则，将承担不利后果。许多国家设置了藐视法庭罪，若拒不执行法院判决，就可以依此罪追究其责任。

6.专业性

关于这一点，17世纪英国大法官爱德华·柯克早就有过阐述。300多年前的一天，英国国王詹姆斯一世把所有法官召集到跟前，扬言要选择几件诉讼案自己来审判。但首席法官柯克告诉国王，他无权这么做；根据英国的法律，所有案件都必须在法院作出判决。国王问："英国法是建立在说理基础上的，那么他和别人为何不能像法官一样以理审案呢？"柯克回答说："上帝赋予陛下的才学是无与伦比的，但是处理案件动辄涉及臣民的生命、货物或其他财物，仅靠人的天赋理性是不够的，而是要按特定的推理和法律判决。国王没有学过王国的法律，而审判是只有经过长期学习、长期实践才能对它取得认识的一种技能。"

（二）司法的根本价值

公正是司法的灵魂、根本价值、总原则。虽然人们对司法公正有不同的界定，但都认为它包括实体公正和程序公正两个方面。实体公正又称结果公正、实质公正，是指司法机关在适用法律时以事实为依据、以法律为准绳，切实保障当事人的合法权益，使违法行为受到应有惩罚；程序公正是指司法机关侦查、检察、审理和裁决案件的过程具有合法性、公开性、平等性、中立性。实体公正和程序公正相辅相成，程序公正是实体公正的前提和保障，实体公正是程序公正的目的和结果。

在现代社会，国际社会普遍强调实体公正，也重视程序公正。我国政府于1998年10月签署加入的《公民权利和政治权利国际条约》第14条规定：所有人在法庭和裁判所前一律平等；在判定对任何人提出的任何刑事指控或确定其在一件诉讼案中的权利和义务时，人人有资格由一个依法设立的合格、独立和无偏倚的法庭进行公正和公开的审讯；在判定对其提出的任何刑事指控时，人人完全平等地有资格享受"亲自替自己辩护或经由其自己所选择的法律援助进行辩护""不被强迫做不利于自己的证言或强迫承认犯罪"等最低限度的保证；凡被判定有罪者，有权由一个较高级法庭对其定罪及刑罚依法进行复审。

司法公正是社会正义的根本要求和集中体现；司法公正特别是审判公正，是实现社会公正的最后也是最重要的一道关口。培根曾经告诫世人：一次不公的裁判，比多次不平的举动为祸尤烈。因为这些不平的举动不过弄脏了水流，而不公的裁判则把水源败坏了。审判不公，就会失去民众对法律的信仰，动摇法治的根基。如同伯尔曼所说的：法律必须被信仰，否则形同虚设。为了保障司法公正，我国不仅在宪法中对人民法院和人民检察院的职权职责作出规定，还制定了《中华人民共和国人民法院组织法》《中华人民共和国人民检察院组织法》《中华人民共和国法官法》《中华人民共和国检察官法》《中华人民共和国民事诉讼法》《中华人民共和国刑事诉讼法》和《中华人民共和国行政诉讼法》等法律，对司法机关的组织和活动原则、司法的原则和程序等作出具体规定。

（三）司法的基本原则

司法不是司法人员的任意妄为，根据宪法和法律规定，司法机关必须按照准确、合法、及时的基本要求适用法律，在司法过程中必须坚持四项基本原则：司法法治、司法独立、司法责任、司法平等。

1.司法法治原则

这一原则指司法机关在办案时要在查清事实的基础上正确适用法律，以保证司法准确、公正，防止冤假错案发生，具体包括两个方面的内容。

一方面，以事实为依据。司法机关在办案时，要在查清事实的基础上，结合事实正确适用法律。这里有两个问题：一是查清事实；二是结合事实正确适用法律。司法机关审理一切案件，只能以与案件有关的事实作为依据，不能主观臆断。这里的“事实”，包括被合法证据证明的事实和依法推定的事实。前一种事实属于客观事实。后一种事实是在案件客观事实真相无法查明的情况下，依照法律中有关举证责任和法律原则推定的事实。尽管这种事实可能与客观事实有所不同，但在法律上能够引起同样的效果。

另一方面，以法律为准绳。在查清事实后，或者说在现有证据能够证明事实的基础上，就要正确适用法律，依据法律的有关规定，确定案件性质，区分合法与违法、一般违法和犯罪等，并根据案件性质作出恰当正确的裁决。在司法工作中贯彻法治原则，要求坚持实事求是、从实际出发的思想路线，重证据，不轻信口供；坚持维护法律的权威和尊严，严格遵守实体法和程序法的规定；正确处理依法办事与坚持党的政策指导的关系：既不将两者对立起来，也不以政策代替法律。

总之，在司法活动中，证明事实是关键，正确适用法律是结果，二者不可偏废。

2.司法独立原则

“司法独立”是现代西方社会普遍采用的一项分权制度，但这并不意味着中国的传统社会就没有“司法独立”的观念。中国最早的大法官皋陶曾对大禹说过一句话：“天叙有典，勅我五典五敦哉！”这句话的意思是，法律与法官的司法权来自上天的赋予，而非来自世俗的权力之王的授予。这便是司法独立的法理渊源，由此衍生出独立于世俗权力之王的司法权威。

在当今中国，司法独立具有充分的法律依据。宪法第一百三十一、一百三十六条规定：“人民法院依照法律规定独立行使审判权，不受行政机关、社会团体和个人的干涉”“人民检察院依照法律规定独立行使检察权，不受行政机关、社会团体和个人的干涉”。依据这些规定，司法独立原则有三层含义。其一，司法权行使的合法性。司法机关审理案件必须严格依照法律规定进行，必须正确应用法律处理案件。其二，司法权行使的专属性。司法权只能由司法机关及司法人员行使，其他任何国家机关、社会组织和个人都不能行使此项权力。其三，司法权行使的独立性。司法机关依法独立行使司法权，只服从法律，不受行政机关、社会团体和个人的干涉。

司法独立具有非常重要的意义，正如有的法学家指出：“在法官作出判决的瞬间，若被别的观点或者被任何形式的外部权势或压力所控制或影响，法官就不复存在了。法院必须摆脱胁迫，不受任何控制和影响，否则它们便不再是法院了。”但是，司法权必须接受党的领导和监督，必须接受国家权力机关的监督，必须接受司法机关上下级之间的监督以及社会组织、人民、舆论的监督。这是因为，如果没有一定的监督，“在法官素质普遍低下、法律职业尚未形成专门化的情况下，司法独立一旦真正变成现实，司法公正也未必能够实现，甚至还可能出现大量法官滥用权力的现象”。

3.司法责任原则

司法机关和司法人员在误判、错判时，应当实事求是、有错必纠、承担相应责任。这一原则是实事求是、从实际出发的思想路线在司法工作中的具体体现，也是保障公民合法权益、维护法制统一和尊严、实现社会和谐的重要原则。

司法机关在司法中坚持司法责任原则，有三项基本要求。一是要坚持实事求是的原则，对每一案件要作具体分析，根据案件实际情况，全错全纠，不错不纠，错多少纠多少。二是要认真对待当事人的申诉，不得拖延和敷衍，更不能扣压不查，一旦确认为错案，不论是什么人处理的，也不论是什么时间处理的，都应予以及时纠正；对申诉无理的当事人，要耐心进行说服教育。三是要建立有效的错案责任追究制度和运行机制，最大限度地减少错案的发生，并为合法权利受到损害的当事人提供最充分的救济。

4.司法平等原则

司法平等即公民在适用法律上一律平等，它是宪法平等原则对司法的要求，也是宪法平等原则在司法中的体现。司法机关在办理案件时，不受民族、种族、性别、职业、社会出身、宗教信仰、教育程度、财产状况、居住期限等因素的影响，对一切公民的合法权益都应依法给予保护，对一切公民的违法犯罪行为都应予以追究。

在司法中坚持司法平等原则，要求对任何公民适用法律规范时都坚持一律平等，绝不能因人而异；对任何公民的权利都依法平等地保护，任何公民都要平等地承担义务；对任何公民的违法犯罪行为，都要依法追究法律责任，给予应有的制裁，不允许有任何特权。

三、守法

守法是法律运行的关键环节，若这个环节缺失，那么法律的目的便会落空。我国宪法第五条指出："中华人民共和国实行依法治国，建设社会主义法治国家。国家维护社会主义法制的统一和尊严。……一切国家机关和武装力量、各政党和各社会团体、各企业事业组织都必须遵守宪法和法律。"要守法，是人尽皆知的事情。然而，什么是守法？为什么要守法？如何守法？对这些问题则需要从理论上进行探讨和说明。由于守法是法律行为的一个组成部分，所以我们要先对法律行为进行阐释。

（一）法律行为及其特征

法律行为是作为法律主体的公民、法人、机构及国家所实施的以权利和义务为内容的具有法律意义的行为，由行为主体、行为客体和行为内容等要素构成。法律行为主体是指法律行为的具体实施者，例如，实施宪法行为的国家和公民，实施民法行为的公民、法人和其他组织，实施行政行为的行政机关及其工作人员等。法律行为的客体是指法律行为指向的对象。例如，民法典中与物权有关的行为的指向对象是"物"，与人身权有关的行为的指向对象是"人身"，与知识产权有关的行为的指向对象是"精神产品"等。法律行为的内容是法律行为中的权利与义务。例如，合同行为中双方当事人的权利与义务，侵权行为中侵权人与被侵权人的权利与义务等。

法律行为具有以下四个特征。

1.社会性

法律行为的社会性首先表现为社会交往性。对于大部分的双向法律行为来说，是双方当事人在社会交往中共同协商、共同确定的结果，行为中体现着双方当事人各自的意志。其次表现为社会合作性。一些特定的法律行为无法依靠某个单独的行为主体来实施，人与人之间、社会组织与社会组织之间的合作、协助必不可少。

2.法律性

法律行为的法律性具有三层含义：一是具有法律意义。与法律行为相对应的是“非法律行为”，如削铅笔、哄小孩睡觉等，这些行为不具有法律意义，无须国家运用法律加以调整。二是发生法律效果，能引起法律关系的产生、变更和消灭。三是可以运用法律进行评价，其评价结果形成对某一行为是合法行为还是违法行为的判断。

3.可控性

法律规范通过“假定条件—行为模式—法律后果”的模式使行为主体能对自己行为的法律后果进行准确的预测和判断，进而对行为主体进行引导和调控。即使行为主体违背法律的禁止性规定而实施某种违法行为，法律规范也能通过制裁和惩罚机制对违法的法律行为进行调整。

4.意志性

在法律行为中，包含着主体的某种价值追求、价值认同，是内在意志的外在表现。例如，民事法律行为体现了双方行为主体希望设立、变更、终止双方民事权利和义务关系的意思；犯罪行为体现为犯罪分子追求某种非法目的、希望或者放任某种危害结果状态发生的心理状态。

（二）守法及其基本保障

守法行为简称守法，是指社会主体包括国家机关、社会组织和公民依照法律规定行使权利、履行义务的活动，也就是遵守法律，符合法律规定，依法办事。守法行为是合法行为的另一表达方式，它与合法行为一样，是被法律所认可的、与法律规定相一致的行为。例如，行政机关依照法定权力、程序、步骤所实施的行政处罚和行政许可，公民依法对其所有物所实施的占有、使用、处分、收益，公民、法人和其他组织依法进行的起诉、应诉，诉讼代理人依法进行的代理与辩护，法院依法作出的判决，这些都是守法行为，也是合法行为。

对守法行为，可以从多方面来把握。从主体看，守法行为分为国家机关的守法行为、武装力量的守法行为、社会团体和社会组织的守法行为、公民守法行为以及外国人、无国籍人的守法行为等。在中国，中国共产党的政治地位和法律地位决定了它严格守法比其他社会组织守法具有更重大和更强烈的影响，国家机关的性质及其在国家生活中所占的重要地位，决定了国家机关在保证法律实施上负有尤为重要的责任。从内容看，守法分为履行法律义务的行为和行使法律权利的行为，前者是指社会主体按照命令性法律规范和禁止性法律规范作出或不作出一定行为；后者是指社会主体按照授权性法律规范做出一定行为或者要求他人作出或不作出一定行为。从状态看，守法有消极的守法行为、积极的守法行为、理想的守法行为三种境界。消极守法是将法律当成外在强制力量而不去触犯法律；积极守法是基于自己的“良心”“责任”和“信念”而自觉自愿地履行义务，勇敢地行使权利以维护自身的合法权益；理想守法是为了维护法律的尊严和推动法治的进步而积极促进整个社会的守法状况的改善。

守法主体的社会地位、社会环境、受教育程度、思想道德素质等方面的差异性，决定了其守法的根据和理由不尽相同。在有些时候，人们守法是多种因素相互作用的结果。具体而言，守法的原因主要有以下五个方面。

1.法律本身的要求

守法是法律规定的义务，换言之，守法是公民的法律义务，不守法就要承担相应的法律责任，并受到相应的法律制裁。例如，我国宪法序言指出：“全国各族人民、一切国家机关和武装力量、各政党和各社会团体、各企业事业组织，都必须以宪法为根本的活动准则，并且负有维护宪法尊严、保证宪法实施的职责。”宪法第五条第四、五款规定：“一切国家机关和武装力量、各政党和各社会团体、各企业事业组织都必须遵守宪法和法律。一切违反宪法和法律的行为，必须予以追究。任何组织或者个人都不得有超越宪法和法律的特权。”

2.利益的考量

“天下熙熙，皆为利来；天下攘攘，皆为利往。”“人们奋斗所争取的一切都与他的利益相关”，这些观点揭示了利益与人的行为的内在关系。法律是利益的调节器，权利和义务是法律对利益的确认，它们都具有利导性。权利以其特有的利益导向和激励机制作用于人们的行为，义务以其特有的利益约束和强制功能作用于人们的行为，两者有机结合并影响人们的动机，引导人们的行为。所以，出于利益的考虑，人们依据法律行使权利，履行义务。

3.惧怕法律的惩罚

法律以国家强制力为后盾，国家强制力是法律实施的根本保障。国家强制力与法律惩罚联系在一起。在一个法制健全的社会，违法行为会被追究法律责任，受到法律惩罚，从而遭受自由、财产、精神等方面的损失。因此，出于免于法律惩罚的考虑，人们便遵守法律。

4.社会的压力

任何人都是社会中的人，都要与社会和他人发生千丝万缕的联系，形成各种相互勾连的行为模式。生活在这个社会中的人，必须依从这些行为模式，否则就会受到来自他人的批评和谴责，形成社会压力。正如有学者所指出的：“社会是由无数互相连锁的行为模式组成的，不遵从某些行为方式，不仅会使依赖它们的其他人失望，而且会在某种程度上瓦解社会的组织，这种内在的依赖关系产生了使人守法的强大压力。当周围人都依法办事并鄙视不安分守己者时，每个人都会产生‘不如此就会受到责难’的压力。”

5.心理上的惯性

英国法学家詹姆斯·布赖斯认为：出于惯性是民众守法的首要原因。心理上的惯性问题涉及法律是否符合人的习惯以及民族和社会的习惯等。如果一项法律符合人的习惯以及民族和社会的习惯，那么，它就可能会比那些不符合这些习惯的法律得到更好的遵守。而事实上，法律从内容上讲，其中有相当一部分是来源于社会生活和生产过程中自发形成的习惯规则，其意义在于符合人们对惯例的屈从倾向，便于法律的实施。相反，如果法律规定违背了一个民族的风俗习惯，即便看起来是良好的，也难以得到民众的普遍服从。

保证人人守法是一项法治系统工程，它的基本条件有三个：一是社会主体的法律素养和道德素养。良好的法律素养和道德素养是人们守法的思想基础。二是良法。体现人民的意志和利益、符合时代精神、得到绝大多数人认同的良法，会让人们自愿遵守；制定良好的法律，需要坚持立法的基本原则，遵循立法的基本程序。坚持立法的民主性、公开性，让公众能参与立法过程，有助于将人民的意志反映于法律之中。只有反映人民意志的法律才能获得人们的认同，才会得到人们的普遍遵守。三是文明的社会环境。一个国家的社会环境如何，包括法治状况、政治状况、经济状况、国际形势等，对人们守法有着一定的影响。就法治状况而言，如果国家行政机关及其工作人员能依法行政、严格执法，国家司法机关及其工作人员能以事实为依据、以法律为准绳，公正司法，树立起良好的执法、司法环境，那么就能树立良好的守法榜样，带动人们守法。就政治状况而言，如果政治民主、官员廉洁、政局稳定、政府诚信，那么法律也会具有较高的权威性，人们也会更自觉地遵守法律。就经济状况而言，“市场经济是法治经济，在实行市场经济的国家，国家和政府都十分注意把市场经济纳入法治的轨道，用法律的手段对市场经济进行调整，这就为守法营造了一个良好的法治环境，促使人们运用法律手段来维护公平的竞争，维护自己的合法权益。人们能否依法行使权利和履行义务，并不只是取决于人们主观上的愿望和选择，社会能否为他们提供必要的物质条件也是相当重要的，而这与社会经济的发展水平是密切相关的”。

我国著名法学家郭道晖提出，为了使社会主体守法，在立法和执法中，不应偏重“罚”，还要借助“赏”。那么，如何通过“赏”来促使社会主体守法呢？郭道晖写道：法律上的“赏”体现在哪些方面？有的法律是纯粹奖励性的法律（如《中华人民共和国国家勋章和国家荣誉称号法》）；有的是奖惩并举的法律、法规（如1982年《企业职工奖惩条例》，现已废止）；还有的是法律中规定给予一定的精神或物质奖励、优惠待遇（如《中华人民共和国文物保护法》《中华人民共和国环境保护法》《中华人民共和国森林法》《中华人民共和国草原法》等）。行政奖励的方式有通报表扬、记功、物质奖励、晋级、通令嘉奖、授予荣誉称号等。法律上“赏”的含义，还可以从广义上或从根本上去理解。法律并不是只有给以精神的、物质的奖励才叫奖赏。法律关系最基础的关系就是权利义务关系。在法律上，确认其权利，就可以说是给予奖赏，或者说，凡遵守法律规定的义务，就可以享受法律确认的权利，这就是“赏”。当然，法律上的奖赏还主要体现于它的一些激励性规定。现代立法注重通过激励，调动当事人的主动性、积极性，如在刑法中，立功者、自首者可依法减轻刑罚；服刑期间表现好、改造好的，可缩短刑期。

（三）违法及其后果

违法与守法是相对应的概念，两者都属于法律行为的组成部分。那么，什么是违法呢？违法会导致什么样的法律后果？

1.违法及其类型

违法行为简称违法，是指社会主体违反现行法律法规的规定，造成某种危害社会的有结果的、有过错的行为，它由主体、主观方面、客体、客观方面四个要素构成。从违法的主体看，违法者是达到了法定年龄、具有责任能力或行为能力的自然人或依法成立的法人或其他组织。违法主体的核心问题是责任能力，不同法律对不同违法主体的责任能力作出不同的规定，这些规定包括年龄、生理和心理状况、职务或身份等。我国民法典对民事责任的主体作出了规定，刑法对刑事责任的主体作出了规定。从违法的主观方面看，违法行为人在主观上有过错，这种过错是出于故意或过失。所谓故意，是指违法行为人明知自己的行为会造成危害社会的结果并希望或放任这种结果的发生；所谓过失，是指违法行为人应当预见自己的行为可能造成危害社会的结果但因疏忽大意而没有预见，或已经预见而轻信能够避免从而导致危害社会的结果发生。没有主观过错的行为，即使在客观上造成了危害社会的结果，也不构成违法，如正当防卫、紧急避险等。从违法的客体看，违法行为侵害了法律所调整和保护的社会关系。从违法的客观方面看，违法行为是违反了法律规定、对社会造成危害的行为。这种行为既可以以积极的方式实施，即采取积极的行为去实施法律所禁止的行为，也可以以消极的方式实施，即不实施法律规定应当做出的行为。仅仅属于思想意识的活动，不构成违法，没有社会危害性的行为，也不构成违法。违法行为的社会危害性可以分为两种情况：一是对社会已造成实际上的损害；二是虽然尚未造成实际上的损害，但这种行为对法律保护的社会关系存在危害。

违法行为有多种，根据违法的性质及其对社会危害程度的不同，可以分为刑事违法即犯罪、民事违法、行政违法和违宪行为四类。刑事违法是侵犯刑法所保护的社会关系、依法应当受到刑罚惩罚的行为；民事违法是违反民事法律法规应当追究其民事责任的行为；行政违法是违背行政法律法规应当追究其行政法律责任的行为；违宪行为是指有关国家机关制定的某种法律法规或规章以及国家机关及其领导者、社会组织或公民的行为与宪法的规定相抵触的行为。

2.违法的后果

违法的后果有两个：一是法律责任，二是法律制裁。这两个方面是先后相继的递进关系。

（1）法律责任

法律责任是由违法行为或违约行为、侵权行为所引起的法律上的不利后果。从实质上说，它是国家对违反法定义务、超越法定权利（力）界限或滥用权利（力）的违法行为所作出的法律上的否定性评价和谴责，是国家强制违法者或禁止违法者作出一定行为，补救受到损害的合法权益，恢复被破坏的法律关系和法律秩序，因此可以说法律责任是一种惩罚或纠错机制。

法律责任有多种，在法律实践中，按照法律责任的性质可分为刑事法律责任、民事法律责任、行政法律责任和违宪责任。刑事法律责任是因刑事违法行为而应当承担的刑法上的不利后果，它是一种严格的行为人个人责任，也是最严厉的一种法律责任；民事法律责任是指公民和法人因民事违法行为、违约行为、侵权行为或其他事由而应当承担的民法上的不利后果，它是在社会生活中最常见的法律责任；行政法律责任是因行政违法行为而应当承担的行政法上的不利后果，既包括行政机关及其公职人员、授权或委托的社会组织及其工作人员在行政管理中因违法失职、滥用职权或行政不当而产生的行政法上的不利后果，也包括公民、社会组织等行政相对人违反行政法律规定而产生的行政法上的不利后果；违宪责任是因违宪行为而应当承担的宪法上的不利后果，现代宪法一般都规定了“合宪性”原则，即明确规定宪法具有最高的法律地位和法律效力，因而任何一种违宪的法律法规、规章和行为都是无效的，都必须承担违宪责任。在我国，全国人民代表大会及其常务委员会负责监督宪法的实施，认定违宪责任。

（2）法律制裁

由于违法行为具有社会危害性，因而法律对它给予否定性评价，这种否定性评价突出表现为以法律责任的形式设定了违法行为的法律制裁。法律制裁是由特定国家机关对违法者依法追究法律责任而采取的强制性的惩罚措施，从违法行为到法律责任再到法律制裁，是逻辑发展的必然结果。由于违法行为有刑事违法、民事违法、行政违法、违宪四种类型，法律责任也有刑事法律责任、民事法律责任、行政法律责任、违宪责任四种类型，因而法律制裁也分为刑事制裁、民事制裁、行政制裁、违宪制裁四种。刑事制裁是人民法院对违反刑法的犯罪行为依照其应承担的刑事责任而实施的惩罚性措施，其分为主刑（管制、拘役、有期徒刑、无期徒刑、死刑）和附加刑（罚金、剥夺政治权利和没收财产）。民事制裁是人民法院通过民事审判活动按照民事法律规范对违法行为依照其承担的民事责任所实施的制裁，依照我国民法通则的规定，承担民事责任的措施有十种，包括：停止侵害，排除妨碍，消除危险，返还财产，恢复原状，修理、重做、更换，赔偿损失，支付违约金，消除影响、恢复名誉，赔礼道歉。行政制裁是国家行政机关对有关单位和个人违反行政法规依照其所应承担的行政法律责任而实施的强制性措施，其分为行政处分、行政处罚。违宪制裁是依照宪法的特殊规定对违宪行为所实施的一种强制措施，其主要有：撤销同宪法相抵触的法律、行政法规、地方性法规，罢免国家机关的领导成员。在这四类法律制裁措施中，刑事制裁最为严厉。

（3）追究法律责任、进行法律制裁的原则

追究法律责任、进行法律制裁，往往涉及公民的财产、自由甚至生命，因而必须慎重施行。依照法律的规定和原则精神，在追究法律责任、进行法律制裁时应该坚持五项基本原则。①责任法定原则。法律责任或者说法律制裁措施应当由法律规范预先规定，包括在法律规范的逻辑结构之中，而且应当明确、具体。当违反法律规范的行为发生后，应按照事先规定的性质、程度、方式、期限追究违法者的责任，使其承受制裁性的法律后果。②公正原则。这一原则的内容具体包括有责必究、责任与违法程度相适应、法律面前人人平等三个方面。③因果联系原则。一方面是指行为与损害结果之间的因果联系，即损害结果是由违法行为造成的；另一方面是指心理活动和行为之间的因果联系，即违法者的行为是思想支配身体的结果。④责任自负原则。凡是实施了违法行为的人，必须独立承担法律责任。⑤重在教育原则。虽然法律责任对违法者具有惩罚性，但是对于除死刑以外的各种责任形式来说，惩罚只是手段，教育才是目的。

第二节 法律监督

为了维护法制的统一和尊严，为了制约权力、防止权力腐败，为了保障公民的合法权益，法律监督必不可少。为了更好地施行法律监督，我们对法律监督以及我国的法律监督体系进行研究。

一、法律监督概述

对于“法律监督”这个词，我们应该并不陌生，但是要对它作出学理上的界定却并非易事。“监督”的基本词义是视察和督导，以预防和纠正偏差与失误。在当今时代，社会科学十分注重对监督的研究，政治学、社会学、经济学、法学等诸多学科将其作为研究对象。在法学领域，监督与民主、法治存在着密切联系，法律监督是法律运行中的重要环节，是法治建设中的重要课题。

一般而言，法律监督有广义和狭义之分。狭义的法律监督是指有关国家机关依法定职权和程序对立法、执法、司法等法律运行的合法性进行监察、控制和督导。在我国，人民检察院是专门的法律监督机关，对一切社会主体的犯罪行为提出公诉，而监察委员会对行使权力的所有人员进行监督。广义上的法律监督是指所有社会主体（包括一切国家机关、社会组织和公民个人）对各种法律活动的合法性进行监察和督导。作为法律运行环节的法律监督是广义上的。

法律监督是由监督主体、监督客体和监督内容三个方面构成的统一整体。法律监督主体即法律监督的实施者，具体包括国家机关、各政党和社会团体、企事业单位和公民个人。法律监督客体即法律监督的对象，具体包括从事各种法律活动的国家机关和武装力量、政党和社会团体、企事业组织和公民个人，其中主要是运用权力的国家机关、政治或社会组织及其工作人员。法律监督内容即法律行为的合法性，包括行为内容的合法性与行为程序的合法性。其中，国家机关及其公职人员行使权力的行为是否具有合法性是法律监督的重心。值得一提的是，政党依法执政是法治的题中之义，执政权是一种政治权力、公共权力，因而执政党是否依法执政也是法律监督的重点内容。[①]

我国的法律监督是一个由多方面构成的有机系统，依照监督主体的不同可以分为国家监督和社会监督。接下来，本书对这两个不同主体的监督系统作进一步分析。

二、我国的国家监督体系

国家监督是指国家机关进行的监督，分为人民代表大会及其常务委员会监督、国家行政机关监督、国家司法机关监督以及监察委员会监督等。

（一）人民代表大会及其常务委员会监督

人民代表大会制度是我国的根本政治制度，各级人民代表大会及其常务委员会依照法定职权和程序对由它产生的国家机关及其公职人员的公务活动进行监督，是其法定职权和职责。为保障全国人民代表大会常务委员会和县级以上地方各级人民代表大会常务委员会依法行使监督权，2006年8月27日第十届全国人民代表大会常务委员会制定了《中华人民共和国各级人民代表大会常务委员会监督法》，该法对各级人民代表大会常务委员会的法律监督的内容、原则和程序作出了较为详细的规定。

依据《中华人民共和国宪法》《中华人民共和国立法法》《中华人民共和国各级人民代表大会常务委员会监督法》规定，全国人民代表大会及其常务委员会的法律监督主要从以下方面进行：改变或撤销政府制定的同宪法、法律相抵触的行政法规、决定和命令；听取和审议政府工作报告；审查和批准政府的国民经济计划和社会发展规划、财政预算决算以及它们的执行情况的报告；对政府机关及其主要领导人提出质询和询问；视察和检查政府工作；组织对特定问题的调查；罢免或撤销有关人员职务；受理人民群众对行政机关及其工作人员的申诉、控告、检举和意见。

（二）国家行政机关监督

现代科技发展导致的监督技术专业化、国家事务的复杂化、社会事务的多元

① 金磊.法律基础知识[M].北京：北京理工大学出版社，2021：77-85.

化，使得行政机关的作用不再是消极地不侵害公民的自由和权利，而是积极地为社会和公民服务。相应地，国家行政机关不但行使传统的行政权，更重要的是行使“自由裁量权”“委任立法权”“委任司法权”。因此，在现代社会，国家行政机关的监督是法律监督的重要组成部分。在我国，国家行政机关的监督分为一般行政监督和专门行政监督。

一般行政监督是在行政隶属关系中上级行政机关对下级行政机关所进行的监督。依据监督内容的不同，可以将我国的一般行政监督分为行政立法监督和工作监督。前者体现在宪法第八十九条规定中：“国务院行使下列职权……（十三）改变或者撤销各部、各委员会发布的不适当的命令、指示和规章；（十四）改变或者撤销地方各级行政机关的不适当的决定和命令……”。后者体现在宪法第一百一十条规定中：“地方各级人民政府对上一级国家行政机关负责并报告工作。全国地方各级人民政府都是国务院统一领导下的国家行政机关，都服从国务院。”

专门行政监督是行政系统内部设立的专门监督机关实施的法律监督，依据监督方式的不同，可以分为审计监督和行政复议。审计监督是依法设立的审计机关，依照法定职权和程序对本级和下级行政机关及金融机构、企业事业组织等单位的财务收支或财务收支的真实、合法和效益进行监督。《中华人民共和国审计法》对审计监督的主体、原则、程序、内容以及法律责任等作出了明确规定。审计监督有利于维护国家财政经济秩序，提高财政资金使用效益，促进廉政建设，保障国民经济和社会健康发展。行政复议是由行政复议机关根据公民、法人或者其他组织的申请，对被申请的行政机关的具体行政行为进行复查并作出决定的一种活动。行政复议是一种依申请的法律监督行为，其主体是行政复议机关，行政复议机关的职能在《中华人民共和国行政复议法》第三条中有明确规定。行政复议是推进依法行政、建设法治政府的必由之路，它有利于行政机关依法行使职权，防止和纠正违法的和不当的行政行为，保护公民、法人和其他社会组织的合法权利。

（三）国家司法机关监督

司法机关的监督是监督制度的重要组成部分，分为检察机关的监督和审判机关的监督。检察机关的监督包括三种情况：一是对于违反刑法规定构成犯罪的行为，通过立案侦查，在查清事实真相的基础上，提请审判机关追究其刑事责任；二是对于人民法院已经生效的判决裁定，检察机关认为确有错误而提起抗诉；三是对于审判机关和执法机关在审判活动或执法活动中的违法情况提出纠正意见。但需要注意两个方面：一方面检察机关作为特定的国家机关，不能任意对任何国家机关或公民的活动进行监督，而只能在法律授权范围内对特定的对象进行监督；另一方面检察机关的监督只是程序性的监督，不能最终决定案件的处理结果和被监督行为的命运。

审判机关的监督分为对内监督和对外监督。对内监督是审判机关内部依照审判监督权限和程序对具体审判及其裁决的合法性所进行的监督，具体表现为：各级人民法院院长对本院已经发生法律效力的判决和裁定，如果发现在认定事实上或者在适用法律上确有错误，必须提交审判委员会处理；最高人民法院对各级人民法院已经发生法律效力的判决和裁定，上级人民法院对下级人民法院已经发生法律效力的判决和裁定，如果发现确有错误，有权提审或者指令下级人民法院再审。对外监督是人民法院依照法定职权和程序对国家行政机关、社会组织和公民的行为的合法性所进行的监督，具体分为以下情形：依行政诉讼程序对行政机关具体行政行为合法性的审查监督；依刑事诉讼程序对人民检察院起诉的案件，在认定主要犯罪事实不清、证据不足或没有违法情况时，以退回补充侦查或通知纠正的方式所进行的监督；依民事、刑事诉讼程序对公民和社会组织的违法犯罪行为通过追究法律责任的方式进行的监督。

（四）监察委员会监督

进行国家监察体制改革、建立国家监察委员会制度，是中国共产党顺应新时代加强权力监督和制约、提高党和政府治国理政能力的要求而作出的英明决策。依据2018年《中华人民共和国宪法修正案》和《中华人民共和国监察法》的规定，监察委员会整合行政机关、检察机关的权力监督职能，不仅与人民代表大会的监督紧密衔接，而且与党的纪律检察机关合署办公。监察委员会制度的建立打破了原有的国家机关及其权力配置体系，在原有的从人民代表大会产生的由人民政府行使行政权、人民检察院行使检察权、人民法院行使审判权、军事委员会行使军事权的国家机关及其权力配置体系的基础上，出现了监察委员会这一新的从人民代表大会上产生的，与人民政府、人民检察院、人民法院地位平行的、独立行使监察权并履行监察职能的专责机关，这不仅是国家权力构成体系的创新，也是国家权力监督和制约体制的创新。

权力监督和制约是监察委员会制度的基本原则，主要体现在以下几个方面：①加强权力监督是构建监察委员会制度的目的和初衷，这一点可从《中华人民共和国监察法》第1条规定中得到印证："为了深化国家监察体制改革，加强对所有行使公权力的公职人员的监督，实现国家监察全面覆盖，深入开展反腐败工作，推进国家治理体系和治理能力现代化，根据宪法，制定本法。"②作为行使国家监察职能的专责机关，监察委员会的基本职能就是监督和制约权力，依照法律规定的权限和程序履行监督、调查、处置等职责，防止权力滥用和腐败，阻止权力异化为私器，保障权力行使的合法性与合理性。③监察委员会不是对某一类公职人员的权力行为或公职人员的某一类权力行为进行监督，而是实现监督全面覆盖，即依照《中华人民共和国监察法》规定对一切公职人员、一切行使权力的行为进行监察。④监察委员会行使监察权对公职人员进行监察，依照法律规定独立进行，在办理职务违法案件或犯罪案件时，应当秉持权力监督和制约原则，既与执法机关、检察机关和审判机关相互配合，又与执法机关、检察机关和审判机关互相制约。此外，党的纪检部门与监察机关不仅职能合一，而且机构合一，从而充分发挥国家机关和党的纪检部门的职能，提升国家监察的权威性，这有利于提高权力监督和制约的效能。

三、我国的社会监督体系

社会监督泛指国家机关以外的政治组织、社会组织和人民群众依照宪法和有关法律，通过各种途径和形式对各种法律活动的合法性所进行的监督。在我国，社会监督主要有中国共产党监督、媒体监督、公民监督。

（一）中国共产党监督

中国共产党因其居于执政党的地位而在社会监督乃至整个法律监督体系中占据十分重要的地位。从监督客体看，中国共产党的监督有党外监督和党内监督。党外监督是中国共产党通过行使执政权和领导权，通过政治领导、思想领导和组织领导等方式，督促国家机关、其他政治或社会组织以及企事业单位依法办事。党内监督是中国共产党通过其纪律检查机关和党的组织系统对其组织机构和成员的活动的合法性所进行的监督。党内监督的重点对象是党的各级领导机关和领导干部，特别是各级领导班子主要负责人，其重点内容有：遵守党的章程和其他党内法规，维护党中央权威，贯彻执行党的路线、方针、政策和上级党组织决议、决定及工作部署的情况；遵守宪法、法律，坚持依法执政的情况；贯彻执行民主集中制的情况；保障党员权利的情况；在干部选拔任用工作中执行党和国家有关规定的情况；密切联系群众，实现、维护、发展人民群众根本利益的情况；廉洁自律和抓党风廉政建设的情况。

（二）媒体监督

传媒是以报纸、广播、电视和网络等为媒介并以技术性、组织性为特征的传播方式，它具有以下基本特征：①传播性能上的新闻性，即事件是新发生的，评论视角是新颖，报道富有新意；②传播功能上的综合性，即在发布新闻、宣传主张、阐发政策、交流信息、传播知识、沟通思想、监督权力行使等方面发挥着积极作用；③传播范围上的开放性，即受众广泛，节目内容丰富，信息量大；④传播方式上的双向性，即传播者与受众之间双向交流，受众参与媒体活动，信息从受众中来，又发布给更多的受众。传媒具有双重属性，既可以充当政权机关的“喉舌”，又可以充当社会公众的舆论工具。在欧美国家，媒体监督被视为与立法权、行政权、司法权相并列的“第四种权力”。在我国，媒体在法律监督中的地位和作用越来越突出。

所谓媒体监督，是指报纸、广播、电视、网络等媒体对各种违法违纪行为，特别是国家公职人员的违法犯罪、渎职腐败行为进行揭露、报道、评论或抨击，它具有涉及面广、影响面大、震动力大、透明度高、时效性强、社会效果明显等特点，是一种有效的监督方式。但是，要使媒体的法律监督功能得到有效发挥，就必须保障媒体的相对独立性。当然，媒体监督是一把“双刃剑”，缺乏约束可能造成负面的影响。因此，媒体监督不仅要遵行新闻报道规则，而且要遵守法律规定。

（三）公民监督

公民监督是公民对法律运行情况进行的直接监督。从监督客体看，公民可以对任何社会主体进行法律监督，但主要是对执政党和国家机关运用公共权力的行为进行法律监督。依照宪法规定，公民对于任何国家机关和国家工作人员有提出批评和建议的权利，对于任何国家机关和国家工作人员的违法失职行为有向有关机关提出申诉、控告或者检举的权利；一切国家机关和国家工作人员必须依靠人民的支持，同人民保持密切联系，倾听人民的意见和建议，接受人民的监督，努力为人民服务。公民监督的途径多种多样，包括批评、建议、检举、揭发、申诉、控告等多种形式。

第五章　社会公共法律服务

第一节　公共法律服务概述

一、公共法律服务的概念

（一）公共法律服务的定义

公共法律服务，是指由司法行政机关统筹提供，旨在保障公民基本权利，维护人民群众合法权益、实现社会公平正义和保障人民安居乐业的法律服务，它是公共服务的重要组成部分。

（二）公共法律服务的意义及目标

公共法律服务是政府公共职能的重要组成部分，是保障和改善基本民生的重要举措，也是全面依法治国的基础性、服务性和保障性的工作。全面推进公共法律服务体系建设，对于更好地满足广大人民群众日益增长的美好生活需要，提升国家治理体系和治理能力现代化水平具有重大意义。

党的十八大以来，党中央高度重视公共法律服务体系建设，在多次重大会议中明确指出，要深化公共法律服务体系建设，加快整合律师、公证、司法鉴定、仲裁、司法所、人民调解等法律服务资源，尽快建成覆盖全业务、全时空的法律服务网络。[①]

① 张建锋，王俊林. 律师之师律师实务与技能十讲[M]. 北京：中国政法大学出版社，2022：78–85.

中共中央办公厅、国务院办公厅印发的《关于加快推进公共法律服务体系建设的意见》中提出了公共法律服务体系建设的目标。

到2022年，基本形成覆盖城乡、便捷高效、均等普惠的现代公共法律服务体系。公共法律服务体制机制不断完善，服务平台功能有效发挥，服务网络设施全面覆盖、互联互通，公共法律服务标准化规范化体系基本形成，城乡基本公共法律服务均等化持续推进，人民群众享有的基本公共法律服务质量和水平日益提升。

到2035年，基本形成与法治国家、法治政府、法治社会基本建成目标相适应的公共法律服务体系。公共法律服务网络全面覆盖、服务机制更加健全、服务供给优质高效、服务保障坚实有力，基本公共法律服务均衡发展基本实现，法律服务的群众满意度和社会公信力显著提高，人民群众共享公共法律服务成果基本实现。

二、公共法律服务的发展进程

（一）立法现状

2014年1月20日颁布的《司法部关于推进公共法律服务体系建设的意见》（司发〔2014〕5号）中明确了推进公共法律服务体系建设的总体要求，其中包括指导思想、主要目标、基本原则三个方面。同时也明确了推进公共法律服务体系建设的主要任务：进一步健全法律服务网络；进一步整合法律服务资源；进一步扩大法律服务领域；进一步提升法律服务质量；大力加强法律服务信息化建设；切实落实保障措施。

2017年8月21日颁布的《司法部关于推进公共法律服务平台建设的意见》中，对公共法律服务平台的建设提出了具体的建议，建议公共法律服务实体平台建设以县（市、区）、乡镇（街道）为重点，通过整合资源，实现各类别公共法律服务集中进驻，打造综合性、一站式的服务型窗口。对“12348”公共法律服务热线平台以及公共法律服务网门户网站的架构做了具体的规划。

2019年，中共中央办公厅、国务院办公厅印发的《关于加快推进公共法律服务体系建设的意见》中明确了公共法律服务体系建设的具体阶段性目标，分别是到2022年以及到2035年公共法律服务体系建设的理想状态。同时提出了推进基本公共法律服务均衡发展、促进公共法律服务多元化专业化、创新公共法律服务管理体制和工作机制、加大保障力度、切实加强组织领导等方面的建议。

（二）全国公共法律服务体系推进现状

近年来，为加快公共法律服务体系建设的统筹推进，满足人民群众和社会多层次、多领域、多样化、高品质的法律服务需求，我国公共法律服务建设的投入稳步增加，司法部协调了包括律师、公证、司法鉴定、仲裁、司法所、人民调解等各项法律相关的服务资源。覆盖城乡的公共法律服务网络已初步建立，公共法律服务供给能力和水平迅速提升，公共法律服务体系建设取得了积极成效。

司法部和各地司法行政部门通过多种努力，采取各种有效的措施，大力推进实体、热线、网络三大公共法律服务平台建设，并通过这些平台集合更多、更优质资源，为人民群众提供多种形式、高质量、更便捷的法律服务。

1.实体法律服务平台

目前，每个县（市、区）都建成了公共法律服务中心，在每个乡镇（街道）都建立了公共法律服务工作站，每个村（居）都配有法律顾问，能面对面地解决群众遇到的法律问题。群众还可以通过网络、电话，随时随地与法律服务机构、工作人员进行交流，获得及时的法律帮助。

2.热线法律服务平台

“12348”热线是民众熟知的法律咨询热线。“12348”公共法律服务热线覆盖全国，24小时服务。如今，在每个省市，民众均可拨打“12348”免费获取基本的法律咨询服务。

3.网络法律服务平台

2018年5月20日，中国法律服务网正式上线运行，功能服务涵盖面广，目前已成为民众寻求公共法律服务的重要途径之一。如果民众想要聘请律师、办理公证、寻求法律援助、请求帮助调解、要求鉴定、提起仲裁，都可以在这个平台上寻求帮助，实现“网上办”“指尖办”“马上办”。

三、公共法律服务的范围

（一）公共法律服务的受众群体

公共法律服务的受众群体十分广泛，目前所有民众都能享受公共法律服务体系提供的相应法律服务，如“12348”法律咨询热线就是每一位民众都能享受到的服务。但值得注意的是，在推进公共法律服务体系建设时，应将特殊群体作为重点对象，重点推出保障特殊群体基本公共法律服务权益的举措，将低收入群体、残障人士、农民工、老年人、青少年、单亲困难母亲等特殊群体和军人军属、退役军人及其他优抚对象作为公共法律服务的重点对象。

（二）公共法律服务的实施群体

提供公共法律服务是一项国家义务，国家是公共法律服务的责任主体，可通过行使公共权力、提供公共配给来维护和促进公共利益。

政府是公共服务的主要提供者和主导者，提供公共服务是政府的职责之一，因此政府部门是提供公共服务的主体。司法行政机关是提供公共法律服务的具体职能部门，包括公证处、司法所、法律援助和司法鉴定所等；最终负责提供公共法律服务的人员为政府司法行政机关人员，各省、市、县、镇、乡法律服务中心、调解纠纷中心和法律服务工作站工作人员等。

在社会上，民众一般可以通过聘请律师或者寻求基层法律服务工作者的帮助等各种方式来获得专业法律服务。在公共法律服务提供形式上，政府一般通过向社会律师、律师协会等专业法律团体以购买服务的形式，向大众提供公共法律服务。这部分的社会律师、律师协会成员、公共法律服务团体等是提供公共法律服务人员的重要组成部分。此外，法律服务志愿团这类社会公益团体一直存在，他们长期致力于为社会上的弱势群体提供基本的公共法律服务，政府通过加强政策上的鼓励和组织协调工作，将这些社会公益团体引导到提供公共法律服务中来。

（三）公共法律服务涵盖的主要内容

在《司法部关于推进公共法律服务体系建设的意见》中，明确指出公共法律服务具体包括如下内容：一是为全民提供法律知识普及教育和法治文化活动；二是为经济困难和特殊案件当事人提供法律援助；三是开展公益性法律顾问、法律咨询、辩护、公证、司法鉴定等法律服务；四是进行预防和化解民间纠纷的人民调解活动等。

第二节 公共法律服务的律师实务

一、公共法律服务体系中律师的角色

律师在公共法律服务体系中，参与着各项不同的工作，在具体的工作中，律师的角色不是一成不变的。相反，律师在不同工作中通过扮演不同的角色，为公共法律服务体系的受众群体提供服务。

（一）律师是专业的法律工作者

律师是以提供法律服务为职业的群体。在公共法律服务的工作中，首先凭借自身专业优势为民众、政府各部门提供法律服务。无论是为民众提供咨询服务，还是参与调解，或是为受援人提供诉讼援助服务，律师都是运用自身所掌握的专业法律知识为他们提供服务。接受服务的对象，本着律师是专业的法律工作者而选择接受服务，并对律师提供的服务有所信赖，因此，律师在公共法律服务体系中，首先是一名专业、合格的法律工作者。

（二）律师是中立的第三方

律师在参与调解、参与信访矛盾化解的公共法律服务工作中，扮演的角色是中立的第三方。律师参与调解的最重要的特点是处于中立第三方地位，在调解全过程中要严格保持中立态度，不得有偏袒任何一方当事人的言行。此时的律师，不担任任何一方的代理人，而应当以第三方的身份来听取双方的意见、观点，综合双方利益，作为中间人引导当事人在友好、平等协商的基础上达成调解协议，以此来维护社会的公平正义。律师在参与信访矛盾化解中同样如此，听取信访人及政府部门对涉访事项的陈述、观点，客观中立地运用自身专业知识对涉访事项

进行评估，不偏不倚，真正做到客观评价，坚持中立。

（三）律师是无私奉献的志愿者

在公共法律服务工作中，参与工作的律师会成立志愿者团队，走进各个县市区开展公益法律咨询、宣传普法、公益讲座等活动，同时还免费为符合条件的弱势群体维权并提供法律援助。他们在履行作为律师的社会责任，同时也在普及法律相关知识及帮助受援人的道路上奉献自己的爱心，不求回报、辛苦付出。此时，这群律师就是无私奉献的志愿者，力所能及地为社会贡献自己的一份力量。

（四）律师是政府有力的助手

律师在公共法律服务体系中，还有一项工作即担任政府法律顾问，他们为政府出谋划策，提供法律咨询，督促政府部门合法合理地行使公权力，为政府部门起草相关规范性法律文件，作为政府部门的律师参与诉讼。这些公共法律服务工作者在帮助政府部门更好地管理社会，为政府部门行使权力的规范性、合法性提供有力保障，从源头减少政府部门在管理社会上的出错概率，降低政府部门错误行使权力的风险，是政府部门在法律工作方面的有力助手。

二、公共法律服务体系中律师的服务内容

（一）法律援助制度

法律援助制度，也称法律救助，是目前世界上较多国家普遍采用的一种司法救济制度。其具体含义是：国家在司法制度运行的各个环节和各个层次上，对因经济困难及其他因素而难以通过通常意义上的法律救济手段保障自身基本社会权利的社会弱者，减免收费提供法律帮助的一项法律保障制度。它作为实现社会正义和司法公正、保障公民基本权利的国家行为，在一国的司法体系中占有十分重要的地位。[①]

律师是法律援助中各方关系的调节器。随着法律援助制度不断地发展、完善，律师援助的发展趋势促使律师从简单、具体的个案上为当事人提供法律帮助

① 张建锋，王俊林.律师之师律师实务与技能十讲[M].北京：中国政法大学出版社，2022：101−109.

逐步转向为实现社会正义提供积极、主动的法律支持。律师在越来越多的法律援助案件中扮演着更加重要的角色，在平衡控辩双方的力量对比，或者帮助弱势群体诉讼时，律师提供的法律援助使得法律的天平不再完全倾向于一方，也使得弱势的一方不再因为法律上的无知而致使自己的合法权益无法得到保证。因此，律师在法律援助中的定位更像是天平上的调节器，起到平衡双方力量的作用。

在我国，律师能够提供的法律援助形式有向受援人提供法律咨询、刑事辩护、民事代理、值班律师等。

（二）人民调解机制

人民调解是指在人民调解委员会的主持下，依照法律、政策及社会主义道德规范，对纠纷当事人进行说服规劝，使他们互相理解、互相谅解，在自主自愿的情况下，达成协议，解决纠纷的活动。人民调解是我国法律所确认的一种诉讼外的调解形式。人民调解工作与千家万户的切身利益息息相关，直接影响社会的安定团结。认真开展人民调解工作，能够缓解社会矛盾，促进社会安定团结；能够促进社会主义精神文明建设；能够预防犯罪，减少犯罪；可以积极推动社会生产力的发展；人民群众可以直接参加管理国家和社会公共事务；同时，还能够起到党和政府以及审判机关的助手作用。

随着我国市场经济的发展，市场主体之间的经济纠纷日渐增多，由于调解具有高效便捷、高保密性、双方协商、方式灵活、更有利于保持当事人合作关系等多种优势，越来越多的主体愿意选择通过调解方式解决纠纷，调解不再仅仅是解决个人之间的纠纷。但解决市场主体间的纠纷，仅依靠人民调解员的力量是不够的，尤其是在处理疑难复杂的矛盾纠纷时可谓重重困难。因此，不仅需要国家和政府的力量，更需要律师的专业力量。

律师作为专业的法律工作者参与调解，运用自身的法律专业能力，能够为当事人梳理清楚法律之间的关系，使当事人更全面地了解法律规定，同时通过律师的工作经验和专业知识，也能尽快使各方达成和解协议，既节约了司法资源又减少了当事人的诉累，在创建和谐稳定的社会环境中起着重要作用。

除了律师作为第三方参与人民调解外，在2017年9月30日颁布的《最高人民法院、司法部关于开展律师调解试点工作的意见》中，提出了律师调解的多元化争议解决方式，并将几个地区作为试点来具体落实，律师调解工作模式有以下四种：

其一，在人民法院设立律师调解工作室。在试点地区的各级人民法院将律师调解与诉讼服务中心建设结合起来，在人民法院诉讼服务中心、诉调对接中心或具备条件的人民法庭设立律师调解工作室，配备必要的工作设施和工作场所。

其二，在公共法律服务中心（站）设立律师调解工作室。在试点地区的县级公共法律服务中心、乡镇公共法律服务站设立专门的律师调解工作室，由公共法律服务中心（站）指派律师调解员提供公益性调解服务。

其三，在律师协会设立律师调解中心。在律师协会的指导下，组织律师作为调解员，接受当事人申请或人民法院移送，参与矛盾化解和纠纷调解。

其四，在律师事务所设立调解工作室。鼓励和支持有条件的律师事务所设立调解工作室，组成调解团队，可以将接受当事人申请调解作为一项律师业务开展，同时可以承接人民法院、行政机关移送的调解案件。

律师参与调解，首先是由于律师调解的专业性，是人民调解机制的有机补充。其次，如果律师调解在实践中得到广泛的认同与运用，对加强社会大众法律知识的普及和法治意识的增强都有更进一步的帮助作用。

律师队伍数量大、专业性强、经验丰富是律师参与调解的极大优势，以此可以有效促进多元化纠纷解决机制的更好发展。同时，这群有专业度的律师在经过调解技能的培训后，将成为一支非常重要的调解员队伍，并且能够促使当事人自愿选择调解作为纠纷解决的方式，而不是将诉讼作为他们的第一选择。

（三）信访矛盾化解

地方各级政府和工作部门近几年来积极引入律师参与信访工作，并取得了较好的社会效果。深入开展律师参与信访工作，阳光信访、责任信访、法治信访的建设才能稳步推进，信访工作的公信力才能得到提升；有利于充分发挥律师的职业优势和第三方作用，引导信访群众通过法定程序表达诉求、依靠法律手段解决纠纷、运用法律武器维护自身合法权益；有利于提高相关部门运用法治思维和法治方式解决问题、化解矛盾的能力，增强依法办事的自觉性。各级司法行政机关和信访部门已经从全面依法治国和推进信访工作法治化的高度，充分认识到律师参与信访工作的重要意义，并积极为律师参与信访工作创造条件，稳步推进律师参与信访工作的开展。

律师参与信访工作的主要任务是：参与接待群众来访。律师在信访接待窗口为前来信访的群众，特别是反映涉法涉诉信访事项的群众解答相关法律问题，提供咨询意见，协助群众通过法定程序表达诉求、维护自身合法权益。对于群众提出的有法可依的信访事项，律师应认真向信访部门反馈；对依法应当通过其他途径解决的，律师应引导信访群众合法地向有关机关提出；对符合司法救助条件并且需要法律援助的，律师应向其说明申请的程序；对于法无据、于理不合的，律师应对信访人进行引导教育，协助相关部门做好息访解纷、化解矛盾工作。对于疑难复杂的信访事项，信访部门开展协调会，律师应作为第三方参与，对信访事项提出依法分类处理的建议，为信访事项办理、复查、复核或者审核认定办结工作提供法律意见。对于信访积案、重复信访事项，律师应参与化解，与信访人积极沟通并对其进行法治宣传教育。律师参与领导信访接待日的群众来访接待工作，为接访领导提供法律意见，服务信访工作决策。律师为涉及信访工作的改革创新举措提供法律意见。律师参与对涉及信访工作的法律法规规章草案、规范性文件送审稿的论证。律师参与信访督查。根据信访部门的工作要求，为督促检查、信访事项的处理等提供法律意见和建议。

（四）优化营商环境

现阶段对于公众在投资营商过程中出现的矛盾纠纷，当事人一般会通过政府相关部门的受理并处理、双方私下和解、诉讼或仲裁等方式进行纠纷解决。目前，各地将律师作为化解矛盾的第三方纳入政府相关部门、政法系统优化投资营商环境机构工作当中，由政府主导成立律师调解工作机构，为投资者提供法律帮助，这对及时有效地调解并化解纠纷矛盾，营造良好的营商环境非常必要。

根据世界银行发布的营商环境报告显示，近年来，我国营商环境排名持续上升，已名列全球前十。从一定意义上说，这是我们坚持运用法治思维和法治方式，持续优化营商环境所取得的重要成果。我国国家领导人深刻阐述了“法治是最好的营商环境”这一重要论断，社会主义市场经济本质上是法治经济，我们要进一步打造稳定公平透明可预期的营商环境，加快建设开放型经济新体制。推动我国经济持续健康发展，必须在营商环境建设中更好地发挥法治的引领和规范作用，为各类市场主体投资兴业提供坚强的制度保障。

建设法治的营商环境，必须促使政府部门的行政权力在法律的框架内有序运行。规范行政权力运行是法治的客观要求。营造良好的营商环境，要求我们坚持用法治来划定政府和市场的边界，尊重市场经济规律，注重通过市场手段调节各类主体的利益关系。只有把权力关进制度的笼子，让权力在法治轨道上运行，才能理顺政府和市场的关系，不断破除制约经济发展和社会活力的体制、机制障碍，充分发挥市场在资源配置中的决定性作用，更好发挥政府作用，有效激发市场内在动力和活力。当前一项非常重要的工作是规范重大行政决策程序，做到坚持以人民为中心，坚持从实际出发，坚持尽力而为、量力而行，以规范的程序、科学的决策维护重大公共利益、维护人民合法权益，促进决策权、执行权、监督权既相互制约又相互协调。

在营造法治的营商环境中，律师的作用不可小觑，为更好地建设法治营商环境，应引入律师参与优化营商环境工作。目前，各地律师通过以下三种形式参与优化营商环境的工作中：一是在政府的营商纠纷解决部门内设立投资营商调解工作室，聘用符合条件的律师组成专职律师调解团队，对投资营商过程中产生的纠纷进行及时调解处理，化解矛盾。该调解团队由政府设立，更具有权威性、可靠性，而律师作为调解员，更具有专业性、中立性、规范性。二是建立健全普法讲师团，组织律师主动与投资企业进行对接服务，听取企业在法律服务方面的需要，宣传涉及优化营商环境方面的法律法规，为企业提供优质法律服务，对项目在运行中遇到的法律问题和潜在法律风险进行调研分析，提出预防和控制法律风险的建议，有效防范法律风险。三是政府部门成立专门的投资营商领域投诉处理部门，健全投诉处理机制，由专业律师作为处理人员之一，按照成文的处理流程并结合法律及政策的规定，对投诉及时处理，以化解矛盾、减轻诉累。

（五）政府法律顾问

政府法律顾问是指政府聘请的专业法律人士。政府法律顾问从早期为政府担任代理人参加诉讼，到如今为政府重大决策提供法律意见、协助起草和修改重要法律文书，服务范围越来越广泛。具体服务内容可能涉及以下几点。

1.协助政府依法行政，为政府行政工作提供法律咨询及专项法律论证

政府在日常行政过程中，难免会遇到各种法律问题。政府工作人员虽然掌握一定的法律知识，但面对形形色色的社会现象，其仍需要及时咨询法律顾问。此外，对于政府的一些重要行政行为，一般会在事前进行讨论与部署。在其过程

中，法律顾问从法律的角度提出建议，对行政行为合法性、法律可操作性、法律后果及可能带来的法律纠纷等进行论证。在政府遇到行政诉讼后，法律顾问协助政府对案件的法律关系、调处方案及诉讼方案进行分析，协助政府依法解决纠纷。

律师介入政府的行政管理，以其专业的法律思维全面地为行政行为的合法性把关，确保政府的行政行为都在法律法规的框架中进行。政府的行政行为是一项高度程序化的法律行为，如在政府实施行政处罚时，就行政处罚的程序、处罚幅度以及处罚文书的法律用语，听取法律顾问的专业意见。在实施行政许可时由律师对行政许可程序、许可内容进行论证，对许可或者不予许可的法律风险进行评估，最大限度地防违法行政于未然，从而有效控制行政诉讼案件的发生率，保证行政诉讼案件的胜诉率，避免因具体行政行为不当带来的执行阻力和社会负面效应。

2.受政府委托进行规范性文件的起草与论证

目前，政府规范性文件大多由政府职能部门起草与讨论。由于缺乏专业法律人士的参与，部分规范性文件在立法技巧及可行性方面存在欠缺。政府法律顾问可以接受委托起草规范性文件，从实务操作角度及立法技巧方面保障规范性文件的合法性、合理性。同时，还可以就政府相关部门起草的规范性文件进行论证，提出修改建议，使规范性文件更加规范与完善。

律师具备专业的法律知识、娴熟处理诉讼和非诉讼业务的工作能力以及广泛的社会联系。政府聘用律师作为法律顾问，律师运用他们专业的法律知识参与地方政府政策法规的制定和修改、提供富有建设性和实践性的法律意见和建议等。律师已成为政府机关科学决策、民主决策、依法决策的高级参谋。

3.为政府重大投资项目设计法律框架、起草相关法律文书、进行可行性论证

政府担负着基础设施建设等重大责任，这些政府项目投资规模大，周期长，涉及法律关系繁杂，且往往关系到百姓的根本利益。因此，政府项目中的法律问题尤为关键。法律顾问可以作为项目的专项顾问，对政府重大投资项目的法律可行性进行论证，设计法律框架。在项目进行过程中，协调相关各方的法律关系，起草相关法律文书，参与谈判及决策过程，保障项目的依法进行以及政府资金的安全。

4.协助政府预防及处理各种纠纷

政府作为一个主体，难免同社会其他主体发生经济往来及其他民事法律关系。近年来，以政府为一方主体的经济民事案件大量增加，如房屋租赁、房屋拆迁、建设用地、土地使用权等问题，以及政府采购后的支付等问题。而且，随着我国行政诉讼法的施行，政府成为行政诉讼被告的情况也时有发生。政府作为这些案件的一方主体，在案件起诉前成功解决纠纷的可能性很大。但由于政府长期以来缺乏法律方面的专业人员，使诉前调解工作较为滞后。政府法律顾问的介入，可以大大减少政府成为诉讼主体的概率，从而在解决问题的基础上，取得更优的社会效益。

（六）涉外律师人才

为适应目前国际化市场经济大环境，各部门应积极为国家重大经济活动和全方位对外开放提供法律服务，扩大对外公证合作领域，建立和完善涉外鉴定事项报告制度，提高涉外鉴定质量。整合仲裁优势资源，打造国际知名仲裁机构，促进和支持仲裁机构参与国际商事争端解决。充分发挥司法协助渠道作用，切实加强国际执法、司法合作。推动建立国际商事调解组织。建立健全法律查明机制，建立涵盖我国法律、行政法规、地方性法规和规章的统一数据库，通过建立国别法律信息数据库以及专家库等形式提供域外法律查明服务。加强与“一带一路”国家法律事务的交流与合作。完善涉外法律服务机构建设，推出国家和地方涉外法律服务机构示范单位（项目），培养一批在业务领域、服务能力方面具有较强国际竞争力的涉外法律服务机构。

要更好地向上述发展目标靠拢，加强涉外法治专业人才培养是至关重要的。当前，全球经济竞争日趋激烈，很大程度上表现为营商环境的竞争。我国现已融入经济全球化进程，要在国际竞争中赢得优势、掌握主动，必须在营造国际一流营商环境上取得更大进展。其中一个重要方面就是加强涉外法治专业人才培养，积极开展涉外法律服务，为高水平对外开放提供保障和服务。涉外律师人才可以协助中国更好地与全球各国友好相处、共同发展。目前，高校政法院系已与涉外法律服务机构等实务部门建立联合培养涉外法律人才的协同工作机制，将优质涉外法律服务教学资源引进高校，强化实践教学，努力培养优质的涉外法律人才。扩大对外公证合作，加强国际执法、司法合作，推动建立国际商事调解组织，培养一批在业务领域、服务能力等方面具有较强国际竞争力的涉外法律服务机构。营造良好的发展环境，特别是营商环境，广泛吸引各方面人才来华创新、创业。

三、公共法律服务体系中律师的社会责任

根据《司法部关于印发〈关于促进律师参与公益法律服务的意见〉的通知》精神，律师参与公益法律服务的积极性、主动性不断增强，公益法律服务覆盖面持续扩大，服务质量和水平逐步提升，体制机制更加健全，激励保障措施更加完善，在满足人民群众法律服务需求、推进全面依法治国中的作用愈发凸显，促进律师队伍亲民、爱民、为民的良好形象进一步树立，律师职业的社会认可度、满意度、美誉度进一步提高。

律师事务所、律师应当承担社会责任，为公民、法人和其他组织提供法律服务。具体可通过以下几点措施来履行其在公共法律服务体系中的社会责任：

第一，拓展服务领域。律师应当为残障人士、农民工、老年人、妇女、未成年人等特殊群体提供公益法律服务；担任村（居）法律顾问，为城乡群众和基层群众性自治组织提供服务；参与公益性法治宣传活动，担任普法志愿者、法治辅导员等；通过公共法律服务平台或其他渠道提供免费法律咨询服务；参与法治扶贫活动，到边疆地区、欠发达地区和少数民族地区担任志愿律师；协助党政机关开展信访接待、涉法涉诉案件化解、重大突发事件处置、城市管理执法等工作；提供公益性律师调解服务，志愿参与人民调解、行政调解、司法调解和行业性、专业性调解；参与民营企业“法治体检”公益服务；从事公益法律服务政策研究、立法论证、学术交流、人才培养等工作；为公益法律服务活动提供赞助或支持；从事其他形式的公益法律服务。

第二，增强服务实效。突出服务重点，围绕满足群众基本法律需求的目标，优先为城乡困难群众和特殊群体提供公益法律服务，强化劳动、就业、社保、教育、医疗等民生领域的法律服务，主动为脱贫攻坚、污染防治等国家重大发展战略服务。准确把握服务对象需求，针对不同受众和不同主题，善于用群众喜闻乐见、通俗易懂、灵活有效的方式开展服务，增强服务针对性和吸引力。支持律师自主选择与其专业特长、实践经验、兴趣爱好相适应的服务内容和方式，调动律师的参与积极性。创新服务形式，探索“互联网+”公益法律服务模式，

充分运用中国法律服务网、微信、微博、手机App等服务载体，提供线上咨询、智能诊断、信息推送等形式的远程在线服务。加强与高校法律诊所、有关社会团体、爱心企业、爱心人士等社会力量的合作，共同开展公益法律服务活动。

第三，明确服务要求。律师应当积极参与党委、政府司法行政机关和律师协会组织的公益法律服务活动。倡导每名律师每年参与不少于50个小时的公益法律服务或者至少办理2件法律援助案件。各地可以结合本地经济社会发展水平和律师行业实际，制定律师公益法律服务工作量的具体指导标准，并可以根据律师执业地域、年龄、身体状况等分类提出要求。公益法律服务工作量的计算方法由各地司法行政机关、律师协会确定。律师从事公益法律服务应当依法依规，勤勉尽责，可以与服务对象签订服务协议，对服务内容、方式、工作条件等进行约定，规范服务流程，保障服务质量。

第四，提升服务能力。发展公益法律服务机构和公益律师队伍，加强法律服务志愿者队伍建设，提高公益法律服务专业化、职业化水平。各律师协会普遍设立公益法律服务专门委员会，鼓励设立未成年人保护等领域的公益法律服务专业委员会。律师协会开展申请律师执业人员集中培训、行业领军人才培训、青年律师培训等活动时，应当把公益法律服务培训作为重要内容。积极开展形式多样的公益法律服务业务技能培训和研讨交流活动，加强公益法律服务政策理论研究。

第三节　法律援助案件的律师实务

一、法律援助案件概述

（一）法律援助的定义

法律援助是由政府设立的，为经济困难而无力聘请律师及根据法律规定必须有律师而自己没有聘请律师的特殊群体的案件当事人免费提供法律帮助的制度。各直辖市、设区的市或者县级人民政府司法行政部门根据需要设立在本行政区域内的法律援助机构，即法律援助中心。[①]

（二）申请法律援助的程序

1.申请对象

法律援助的申请人必须符合合法权益受到损害且经济困难的条件。公民经济困难的标准，由省、自治区、直辖市人民政府根据本行政区域经济发展状况和法律援助事业的需要规定。若申请人住所地的经济困难标准与受理申请的法律援助机构所在地的经济困难标准不一致，按照受理申请的法律援助机构所在地的经济困难标准执行。

2.法律援助案件的受理范围

法律援助案件的受理范围主要包括：依法请求国家赔偿的；请求给予社会保险待遇或者最低生活保障待遇的；请求发给抚恤金、救济金的；请求给付赡养费、抚养费、扶养费的；请求支付劳动报酬的。主张因见义勇为行为产生的民事权益的。

除此之外，各省、自治区、直辖市人民政府可以对上述受理范围以外的法律援助事项做出补充规定。

3.申请材料

申请材料主要有以下几项。①法律援助申请表：申请应当采用书面形式，若以书面形式提出申请确有困难的，可以口头申请，由法律援助机构工作人员或者代为转交申请的有关机构工作人员作书面记录。②身份证或者其他有效的身份证明。若委托他人代理申请的，应当填写法律援助申请委托书，并提交代理人的身份证明。③经济困难的证明，经济困难证明应当包括本人的劳动能力、就业状况以及家庭成员、家庭月（年）人均收入、家庭财产等内容。④与所申请法律援助事项有关的案件材料。

① 郭一帆.律师基础理论与实务研究[M].延吉：延边大学出版社，2022：67-74.

4.受理机关

表5-1　法律援助机构的管辖

序号	案件类型	法律援助机构
1	国家赔偿	赔偿义务机关所在地
2	社会保险待遇、最低生活保障待遇或者抚恤金、救济金	提供社会保险待遇、最低生活保障待遇或者发给抚恤金、救济金的义务机关所在地
3	赡养费、抚养费、扶养费	给付赡养费、抚养费、扶养费的义务人住所地
4	劳动报酬	支付劳动报酬的义务人住所地
5	因见义勇为行为产生的民事权益	被请求人住所地

5.审批流程

各法律援助机构在收到当事人提交的《法律援助申请表》后，应当对其资格、委托材料、案件材料等进行审查，并及时给予当事人答复，其情况大致可分为以下四种：一是法律援助机构认为申请人提交的证件、案件材料等不齐全的，可以要求申请人在规定期限内作出必要的补充或者说明，申请人未在规定期限内或者未按要求做出补充或者说明的，视为撤销法律援助申请。二是法律援助机构认为申请人提交的证件、案件材料等需要查证真实性的，由法律援助机构向有关机关、单位进行查证后给予答复。三是法律援助机构审查后认为申请人提交的证件、案件材料等齐全的，符合法律援助申请条件的，应当及时决定提供法律援助。四是法律援助机构审查后认为申请人提交的证件、案件材料等不符合法律援助申请条件的，应当书面告知申请人不符合的理由。若申请人对法律援助机构不予援助的决定有异议，可以向确定该法律援助机构的司法行政部门提出。司法行政部门应当在收到异议之日起5个工作日内进行审查，经审查认为申请人符合法律援助条件的，应当以书面形式责令法律援助机构及时对该申请人提供法律援助，同时通知申请人；经审查认为申请人不符合法律援助条件的，应当维持法律援助机构不予援助的决定，并将维持决定的理由以书面形式告知申请人。

二、法律援助律师的工作内容

（一）法律援助律师队伍概述

法律援助律师队伍一般由律师自行申请，法律援助机构通过审核律师资格材料，再结合自身需要采取笔试、面试等方法选拔而成，材料包括但不限于执业年限、职业道德、执业经历、违纪情况等。

法律援助机构每年会对法律援助律师进行若干次集中培训及案卷抽查，以保证法律援助律师的专业性和法律援助案件的办案质量。

（二）法律援助律师值班工作

1.“12348”法律咨询

“12348”是面向广大民众的法律服务热线，其功能主要是解答群众的法律咨询，及时反映群众的法律需求信息，指导和接受法律援助申请，维护贫弱当事人的合法权益、司法公正、社会稳定。

因“12348”电话热线的服务对象及其问题都是不特定的，涉及的法律问题包括劳动、婚姻家庭、人身损害、合同纠纷、股权纠纷、拆迁纠纷等各个领域，因此对于值班律师的法律素养要求非常高。每一名值班律师都应当具有一定的实务经验，并做好每次值班的登记工作，及时将记录交付法律援助中心的工作人员。

2.认罪认罚制度

为了依法维护刑事案件犯罪嫌疑人、被告人的诉讼权利，加强人权司法保障，促进司法公正，充分发挥法律援助值班律师在以审判为中心的刑事诉讼制度改革和认罪认罚从宽制度改革试点中的作用，法律援助机构在人民法院、看守所派驻值班律师，为没有辩护人的犯罪嫌疑人、被告人提供法律帮助。有条件的地方可以为法律援助律师设立值班律师工作室，发放值班律师工作证，让法律援助律师持证上岗。

值班律师的主要职责包括：解答法律咨询；引导和帮助犯罪嫌疑人、刑事被告人及其近亲属申请法律援助，转交申请材料；为自愿认罪认罚的犯罪嫌疑人、刑事被告人提供法律咨询、程序选择、申请变更强制措施等法律帮助；对检察机关定罪量刑建议提出意见；犯罪嫌疑人签署认罪认罚具结书应当有值班律师在场；对刑讯逼供、非法取证情形代理申诉、控告；承办法律援助机构交办的其他任务。但法律援助值班律师不提供出庭辩护服务。符合法律援助条件的犯罪嫌疑人、刑事被告人，可以依申请或通知由法律援助机构为其指派律师提供辩护。

值班律师应当遵守相关法律规定、职业道德、执业纪律，不得误导当事人的诉讼行为，严禁收受财物，严禁利用值班便利招揽案源、介绍律师有偿服务及其他违反值班律师工作纪律的行为。值班律师应当依法保守工作中知晓的国家秘密、商业秘密和当事人隐私，犯罪嫌疑人、刑事被告人或者其他人准备或者正在实施危害国家安全、公共安全以及严重危害他人人身安全的犯罪事实和信息除外。

值班后，法律援助律师应当第一时间向法律援助机构报送当天值班的统计信息，包括被告人姓名、罪名、程序、咨询意见等，由法律援助机构收集汇总。

（三）法律援助律师诉讼实务

1.民事诉讼

（1）办理流程

法律援助律师在接到法律援助机构的案件指派通知后，应当于3个工作日内约谈受援人。约谈过程中，首先应询问受援人是否愿意接受法律援助机构的指派律师为其代理案件；其次核对当事人的身份信息并了解案件情况，询问当事人的诉求及相关的证据材料；最后让当事人确认谈话内容并签署谈话笔录。

案件办理过程中，每一名法律援助律师应当将法律援助案件与其他收费案件一视同仁，不得存在形式过场、态度怠慢的情况。除了应当认真书写起诉状、答辩状、代理词等与案件相关的所有材料外，也应当做好庭审笔录，以便进行案件回顾。有关案件的进程、与法院的联系、对方证据材料的质证情况等均应一一记录在法律援助案件承办情况报告中。

案件审结后，法律援助律师应在30日内将法律援助案件材料整理汇总，并将相关法律文书及法律援助案件结案报告交至法律援助机构，以备法律援助机构审查和发放办案补贴。

（2）结案材料

法律援助律师在案件结案后应当向法律援助机构递交以下案卷材料，包括但不限于：①法律援助指派通知书；②委托协议及授权委托书；③谈话笔录；④劳动仲裁申请书、民事起诉状及上诉状、民事再审申请书、民事答辩状等；⑤证据材料；⑥代理词；⑦庭审笔录；⑧裁决书、判决书、调解书、和解协议等；⑨法律援助案件承办情况通报/报告记录；⑩结案报告表等。

2.刑事诉讼

除了可以申请法律援助的刑事案件，如果被告人具有以下情形之一而没有委托辩护人的，人民法院应当通知法律援助机构指派律师为其提供辩护：适用普通程序审理的一审案件；适用简易程序、可能判处3年以上有期徒刑的一审案件；二审案件，但一审适用速裁程序、简易程序判处3年以下有期徒刑的案件除外；按照审判监督程序审理的案件。

如果被告人包括不通晓本地通用的语言文字的少数民族及外籍人士，或者可能判处1年以上有期徒刑的，或者有必要指派律师提供辩护的其他情形的，人民法院可以通知法律援助机构指派律师为其提供辩护。

法律援助刑事律师一般需具有3年以上执业经历，值班律师一般需具有1年以上执业经历。对于可能被判处无期徒刑、死刑的被告人，法律援助机构一般应当指派具有10年刑事辩护执业经历的律师担任辩护人。

（1）担任公诉案件犯罪嫌疑人、被告人的辩护律师

法律援助辩护律师在收到法律援助机构的指派后，应当及时将委托手续交至侦查机关或审判机关并安排会见。法律援助律师在首次会见犯罪嫌疑人、被告人时，应询问是否同意本律师为其进行辩护及告知其相关权利义务，制作会见笔录。若犯罪嫌疑人、被告人不同意，承办律师应当书面告知公安机关、人民检察院、人民法院和法律援助机构。

会见笔录应当包括犯罪嫌疑人、被告人的以下内容：①基本信息，包括身份信息、住址、家庭情况、文化程度等；②前科劣迹情况；③核实罪名、犯罪经过、到案经过等；④退赔、退赃及是否取得受害人谅解等；⑤询问相关法律文书（如《起诉意见书》《起诉书》副本）是否收到；⑥是否自愿认罪；如不认罪，是否有证明自己无罪、罪轻、减轻罪行的证据或线索。⑦对相关鉴定报告的意见；⑧是否具有刑讯逼供的情况；⑨告知其该罪名的相关法律规定和量刑建议等；⑩询问其是否还有其他法律问题等。

除了会见犯罪嫌疑人、被告人之外，法律援助辩护律师亦应当积极与公安机关、人民检察院、人民法院取得联系，沟通案情。当刑事案件处于审查起诉阶段

及审判阶段时，法律援助辩护律师应当第一时间至人民检察院和人民法院进行阅卷，以便了解案件的详细情况。

开庭前，法律援助辩护律师应当做好充分的准备并准备好辩护词。庭审中，对于被告人有异议的地方，应当履行好辩护人的职责，向公诉机关及审判人员提出自己的法律意见，并做好庭审笔录。

案件办理完成后应当同民事法律援助案件一样，在30日内将法律援助案件材料整理汇总，并按要求报送法律援助机构。

（2）担任公诉案件被害人的诉讼代理人

律师经法律援助机构的指派可以在审查起诉阶段或者审判阶段担任公诉案件被害人的诉讼代理人。承办律师接案后，应当及时到人民检察院或人民法院查阅有关案件的所有卷宗材料，对案件进行实质性及程序性审查，并充分行使自己的调查取证权，提出自己的法律意见。

开庭前，应当充分了解案件概况，提交证据材料。开庭期间，应当配合法庭调查工作，独立发表观点。开庭后，应当向人民法院提交书面的代理词。

案件宣判后，若被害人及其近亲属不服一审法院判决，经法律援助机构审批同意后，可继续代理被害人向人民检察院提出抗诉。

（3）担任自诉案件当事人的诉讼代理人

律师经法律援助机构的指派可以在审判阶段担任刑事自诉案件自诉人的诉讼代理人或刑事自诉案件被告的辩护人。承办律师应当充分履行自己的调查取证权利，对于不能自行取得的证据，可以申请人民法院调取。

担任刑事自诉案件当事人诉讼代理人的承办律师应当及时将权利义务、庭审规则告知当事人，准备刑事自诉申请书、证据目录等材料；同时积极协助当事人做好控诉职能，参与法庭辩论、调解、举证质证等活动。

担任刑事自诉案件当事人的承办律师，基本职责与公诉案件被告人的辩护人基本相同。

（4）结案材料

法律援助律师在案件结案后应当向法律援助机构递交以下材料，包括但不限于：①法律援助指派通知书；②委托协议及授权委托书；③会见笔录；④阅卷材料及阅卷笔录；⑤起诉（意见）书；⑥辩护（代理）词；⑦庭审笔录；⑧判决书、和解协议等；⑨法律援助案件承办情况通报/报告记录；⑩结案报告表等。

3.特殊群体

（1）军人军属

军人军属的法律援助工作是中国特色法律援助事业的重要组成部分。被提供法律援助服务的军人，是指现役军（警）官、文职干部、士兵以及具有军籍的学员。另外，军队中的文职人员、非现役公勤人员、在编职工、由军队管理的离退休人员以及执行军事任务的预备役人员和其他人员，按军人对待。军属，是指军人的配偶、父母、子女和其他具有法定扶养关系的近亲属。另外，烈士、因公牺牲的军人、病故军人的遗属均按军属对待。

军人军属若因给予优抚待遇问题，军人婚姻家庭纠纷，医疗、交通、工伤事故以及其他人身伤害案件造成人身损害或财产损失请求赔偿，或涉及农资产品质量纠纷、土地承包纠纷、宅基地纠纷以及保险赔付等案件，且经济困难没有委托代理律师的，可以向义务机关所在地、义务人住所地、军人军属法律援助工作站或者联络点申请法律援助。

军人军属申请法律援助时需提交法律援助申请表、军人军属身份证明、法律援助申请人经济状况证明表以及与案件相关的所有材料。其中，义务兵、供给制学员及军属，执行作战、重大非战争军事行动任务的军人及军属以及烈士、因公牺牲的军人、病故军人的遗属可以不提供经济状况证明表。

法律援助机构收到军人军属的申请材料后，应当优化办理程序，优先受理、优先审批、优先指派。对情况紧急的可以先行受理，事后补充材料、补办手续。对伤病残等特殊困难的军人军属，实行电话申请、邮寄申请、上门受理等便利服务。有条件的可实行网上办理。

法律援助律师可为军人军属提供的法律援助服务包括法律咨询、代写法律文书、普法进军营、代理案件等。有条件的地方应当建立健全军人军属律师法律援助工作站和联系点。承办军人军属案件的律师应当具有一定的职业年限和丰富的实战经验，较为熟悉并了解与军人军属相关的特殊法律规定。接到法律援助机构的指派后，承办律师应当及时与军人军属取得联系，并认真研判案件情况，给出专业的法律意见。

（2）农民工

农民工即进城务工人员，主要是指到城市从事非农业工作的具有农业户口的工人，多为工程工地工人、工厂机械工等体力劳动者。农民工一般具有文化程度较低、法律意识较为淡薄、证据材料欠缺、维权人数众多等特点，因此，农民工一直是法律援助机构每年服务的人数最多的群体之一。

法律援助律师接到农民工相关案件时，需要比处理其他案件多一分耐心。因为往往农民工群体虽有维权意识，但不清楚维权的法律规定和法定程序。首先，承办律师需要和他们解释所涉案件的法律条文及我方的诉求。其次，承办律师需要协助农民工群体收集和整理相关的证据材料，包括劳动合同、社保记录、工资发放证明、考勤卡、劳动手册等，若受援人无法提交上述证据，甚至无法提交实际在用工单位工作的证据，承办律师需要引导受援人通过录音录像的方式去固定一些基本的证据以维护自身的合法权益。最后，承办律师需要向受援人解释相关程序和审限的法律规定，比如劳动仲裁一般规定30天内审结，案件复杂的可延长至45天，一审、二审一般需要3～6个月的时间等，以免过长的等待时间让受援人对承办律师产生不满或者不信任等焦虑情绪。如果遇到群体性的案件，承办律师需要让受援人推选出1～2名代表作为沟通的桥梁，以促使维权的流程能够更加流畅地进行。

承办律师收到裁决书或判决书后，应当第一时间将结果告知受援人并告知其下一步维权的途径，以免错过上诉期导致受援人无法维权。案件审结后，承办律师同样需要将案件材料和案件报告在有限期内交至法律援助机构以便备案和审核。

2023年，司法部会同人力资源和社会保障部开展“薪暖农民工”“春暖农民工”服务行动，深入开展“法援惠民生，助力农民工”活动，切实保障农民工的合法权益，增强农民工的获得感、幸福感、安全感。首先，切实做到“谁执法谁普法”“谁服务谁普法”，提高农民工法律援助知晓率，在农民工聚集地开展法律援助宣传，推送法律援助机构地址、电话、“12348”法律咨询热线等信息。其次，引导各用人单位规范用工，主动提示用人企业不签订劳动合同及违法用工的法律风险。最后，建立农民工法律援助维权绿色通道。法律援助机构对农民工法律援助案件优先受理、优先指派，推动在农民工案件集中的人民法院、劳动人事争议调解仲裁机构、劳动保障监察机构设立农民工法律援助案件受理窗口，对符合条件的农民工维权案件以简易程序快速处理。并对优秀、典型案例予以宣传推广，不断提高法律援助的社会影响力。

（3）残疾人

残疾人是指肢体、语言、听力、精神上存在缺陷或者存在多重缺损的人，这些缺损直接或者间接地影响他们参与正常的社会活动，但是，残疾人与普通人一样有权平等地享有权利。因此，当残疾人的合法权益受到侵害时，他们同样享有申请法律援助的权利。

法律援助律师接到残疾人案件时，需要比处理其他案件多一份关心。承办律师除了询问案件情况，在办案过程中还需要考虑受援人的实际难处并给予适当的便利。如行动不便的残疾人，承办律师应当提供上门做笔录、快递拿材料、通过视频或者语音了解案情等服务，以保证残疾人的人身安全。

虽然残疾人在身心上有部分欠缺，但他们像普通人一样享有法律赋予的权利，也同样受到法律的强制约束。因此，当残疾人询问相关法律问题时，除了法律另有规定的之外，残疾人一般不因身心缺陷而享有其他特权，这也是承办律师需要向他们进行解释的内容。

2023年，司法部与中国残联联合印发《关于进一步加强残疾人法律服务工作的意见》，加强资源整合，进一步配强残疾人法律服务力量，丰富律师、公证、法律援助、司法鉴定、法治宣传等方面残疾人法律服务的内容和方式，不断满足残疾人日益增长的法律服务需求，助力残疾人共享美好生活。首先，建立残疾人法律援助对象的信息共享机制，依托中国残联信息中心残疾人人口基础数据库管理系统，对贫困残疾人动态信息及时更新，了解残疾人有关生活、医疗、抚养、就业等方面的问题，掌握残疾人的基本需求，从而建立残疾人法律援助档案。其次，开展送法上门活动，通过以案释法等多种形式提升残疾人知法、守法、用法的能力，增强依法维权意识，防范和化解法律纠纷，维护残疾人合法权益。最后，借助“互联网+”打造“全天候、普惠制”服务新模式，全面推进“12348中国法网”，为更多的残疾人提供网上咨询，为其申请法律援助提供便利，逐步实现融合电话、网站、短信、微博、微信等多种方式的法律援助服务，全力营造关爱残疾人的良好社会环境。

（4）老年人

《中华人民共和国老年人权益保障法》第二条规定：“本法所称老年人是指六十周岁以上的公民。”法律明确规定，如果老年人自身的合法权益受到侵害，可以依法向人民法院提起诉讼。若家庭困难导致诉讼费缴纳确有困难的，可以申请缓交、减交或者免交诉讼费；若需要聘请律师但又无力支付律师费用的，也可以向法律援助机构申请法律援助。国家大力鼓励各律师事务所、公证处和其他法律服务机构为经济确实困难的老年人提供减免律师费的法律服务。

尊老爱幼是我们中华民族的优良传统，当法律援助律师接到老年人案件时，需要比处理其他案件多一份贴心。老年人法律援助咨询多为赡养类、诈骗类案件，此时，老年人不仅金钱上受到严重损失，而且在心灵上也受到重大打击，特别是请求子女支付赡养费的案件。老年人其实根本不想起诉自己的子女，然而很多案例中会出现其中一个子女拿着老人的退休金挥霍，其他子女因为没有拿到老人的退休金故而认为可以理所当然地不履行赡养义务，老人在百般无奈之下才会选择将子女告上法庭要求赡养。因此，对于此类案件，法律援助律师一方面应当为老年人争取最大化的利益保障，另一方面也应当对老年人予以适当的言语关怀，让老年人感受到温暖和安心。

司法部、民政部十分关心老年人的法律援助服务，并鼓励各法律援助机构、律师事务所、公证处及其他法律咨询服务机构建立老年人法律服务平台；各级司法行政部门和民政部门可以结合当地情况，编印相关法律的学习材料，在老年人聚集地如老年社会福利院、敬老院等地方开办相关法律知识讲座，增强老年人的法治观念，从而营造一个敬老、尊老、爱老的社会环境。

（5）妇女

2016年3月1日，《中华人民共和国反家庭暴力法》正式施行，这是对长期以来遭受家庭暴力的妇女在权益保障方面的一个重大突破。但是，从法律援助的受理范围可以看出，妇女并不是受到特殊保护的群体之一，故而各地一直呼吁是否可以考虑将法律援助的服务事项扩大，以便更好地保障妇女的合法权益。

因此，各地承办律师接到的有关妇女的法律援助案件大多为妇联转介而来，案由涉及请求支付抚养费、离婚财产分割、家庭暴力等。承办律师遇到妇女类法律援助时，应当充分倾听受援人的陈述及意见，并提出专业的法律意见。尽心、耐心、细致地为受援人办好每一个案件。

（6）未成年人

未成年人案件作为法律援助工作的重点，从解答咨询、代写文书、民事案件代理到刑事案件辩护或作为刑事案件被害人的诉讼代理人参与诉讼，法律援助条例规定了比较严格的指派制度和工作流程。

对于未成年人案件，法律援助机构应当指派熟悉未成年人身心特点且具有一定执业年限的律师担任诉讼代理人或辩护人。法律援助律师在处理未成年人案件时，应当充分考虑未成年人的身心承受能力，在用词和处理方式上应当以未成年人的心理承受能力为第一要素。特别是代理刑事案件被害人的诉讼代理人时，更应当注意保护未成年人的隐私。因此，承办未成年人法律援助案件应当做到以下几点：①询问未成年人时通知其监护人到场。②注重保护未成年人的隐私权和名誉权。③充分行使律师的调查取证权。④充分尊重有表达意愿能力的未成年人的意见。⑤为保护未成年人权益，应当积极与对方当事人促成和解、调解。⑥作为未成年犯罪嫌疑人援助律师在侦查阶段介入案件的，应当对逮捕必要性提出辩护意见。若犯罪嫌疑人符合取保候审条件的，应当及时提供材料，为其申请取保候审；认为犯罪嫌疑人不构成犯罪、涉嫌罪名认定不当，或者有刑事诉讼法所规定的不追究刑事责任情况的，应当向办案机关出具法律意见书，提出纠正意见。⑦作为未成年犯罪嫌疑人辩护人在审查起诉阶段、审判阶段介入案件的，应当及时到人民检察院和人民法院查阅、摘抄、复制案件相关材料；人民检察院审查批准逮捕时，辩护律师应积极出具法律意见；发现未成年人存在异常精神和心理状态时，应当帮助或者建议家长向人民检察院、人民法院申请做精神鉴定、心理状况评估；应当为在押的、符合取保候审条件的犯罪嫌疑人、被告人申请取保候审并提供材料；发表辩护意见时，应当提出具体的量刑建议和理由。⑧律师作为未成年被害人诉讼代理人的，性侵害案件监护人未到场或应被害人要求的，应当有同性别律师在场；应当建议办案机关对被害人的心理伤害进行心理辅导或治疗；应当向被害人及其监护人释明刑事附带民事诉讼的受案范围，帮助被害人提起刑事附带民事诉讼。

案件办结后，承办律师应当及时撰写结案报告，对办案的过程进行完整记录，结案报告应当真实、客观、分析透彻，对案件办理过程中的难点、亮点及经验与不足进行归纳，并及时交付法律援助机构。

第六章　科技发展视角下的法律实践工作研究

第一节　法律实践理性及其哲学基础

法律实践理性是人类理性的重要组成部分，也是人类实践理性的重要内容。然而，法律实践理性既不与人类理性同步产生，又不与人类实践理性相伴而生，它始于法律实践，随着法律实践的发展而发展。法律实践理性的形成和发展拥有坚实的理论基础，其中最重要的是自亚里士多德以来就被众多哲学家所重视和强调的实践哲学。

一、法律实践理性

法律与人类理性有着紧密联系，法律本身是人类理性的产物，是一种理性的存在。法律理性不但是一种职业理性、形式理性、世俗理性、人为理性，更是一种实践理性。

法律实践理性是指人们对法律实践“应如何”及“怎样做”的观念掌握，是人们评判、选择、从事正当法律行为的思维基础，是人的理性在法律实践中的运用。法律实践理性具有实践性、规范性、价值性、逻辑性等特征。

实践性是法律实践理性的重要特征，是法律实践理性区别于法律认知理性的最基本特征。法律实践理性是一种直接指向法律实践活动的思维机制，是一种观念化的法律实践模型，具有强烈的务实性、实践意向性、可操作性。

规范性是法律实践理性与一般实践理性相区别的根本标志。法律是肯定的、明确的、普遍的规范，法律实践是制定和实施行为规则的活动。法律实践理性秉承实事求是的基本原则，立足于规范人们的行为，具有鲜明的规范性。

价值性集中体现在法律实践理性对“善”的追求中。法律实践理性既求“真”又求“善”，对“善”的追求使之具有价值性。具体表现在三个方面：一是选择和确立法律实践活动所要追求的价值目标；二是对法律实践活动能否实现预期目标及实现程度进行价值判断；三是对法律实践活动的合法性、合理性、正当性等特性进行评价和判断。

逻辑性由法律实践理性的“理性”特征所决定。逻辑性是人类理性的重要标志和基本特征，法律实践理性作为人类理性的一个方面，必然具有逻辑性。法律实践理性的逻辑性不仅表现在形式推理中，还体现在实质推理中；不仅表现在司法裁判中，还表现在法律运行的全过程中。

法律实践理性植根于诸多因素，主要有以下五个方面。

第一，法律是人的理性的产物。人是法律的主体，法律由人创制。人之所以能创制法律，是因为人具有理性能力。人在创制法律时，将自己的目的、情感、意志等主体性因素融入其中，使法律不仅包含了人的理性和意志，还包含了人的情感、直觉和信仰，并由此成为人类理性的反映。

第二，法律是一种世俗的人世规则。法律实践是一种世俗的人间事务，也是一项讲究实际的活动。离开实践理性的指导，法律就无法良性运行。

第三，法律是一种调整人的行为的社会规则。人类的规则一般分为技术规则和社会规则两大类。技术规则即技术标准、技术操作规程，用于调整人与自然的关系，规范人们使用自然力、劳动工具、劳动对象的行为。社会规则用于调整人与人之间的关系，规范人们进行社会交往、处理社会纠纷的行为。法律、道德、纪律、政策等都属于社会规则，但法律不同于其他社会规则。法律针对人的行为而设定，以人的行为为调整对象。法律通过规定权利、义务，以及不履行义务应承担的法律责任，为人们的行为提供明确的指引。

第四，法律源于实践。法律是人类实践发展到一定历史阶段的产物。早期的法律源于人们在长期生产和生活实践中形成的习惯，将这些习惯中适应新的生产方式和生活方式的部分赋予国家权威并通过国家强力保证实施，它们就变为习惯法；当习惯法不足以调整生产、交换、分配等活动时，人们便制定出新的法律，于是产生成文法。无论将习惯认定为习惯法，还是制定为成文法，都是基于人们生产和生活实践的需要，都必须回到人们的生产和生活实践中去，唯有如此才能发挥其应有的作用。

第五，法律是一种制度体系，更是一个运行过程。法律运行是指创设法律规范并运用法律规范调控人的行为，从而实现社会有序化的过程。从表层上看，法律运行是法律规范从产生到实践的过程；从实质上看，法律运行是掌握国家政权的社会集团的共同意志转化为国家意志，并在全社会推行的过程。由此可见，法律运行是一种实践活动，渗透着人们的实践理性。法律运行由立法、执法、司法、守法等方面构成，所以法律实践理性由立法理性、执法理性、司法理性、守法理性等方面构成。由于权力具有膨胀和扩张的本性，因此需要特别强调立法理性、执法理性、司法理性。立法理性是良法的精神基础，执法理性和司法理性是司法公正的精神保障。

法律实践理性对法律实践具有规范和指导作用。法律作为一种社会规则，只有在制度、程序、价值、思想方式的具体关系中才具有意义。法律又作为一种实践活动，必须由法律实践理性来提供规范和指引。法律实践理性所具有的正当性因子能够有效抑制法律实践过程中可能出现的负面效应。

二、法律实践理性的哲学基础

理性是一个重要的哲学命题，实践理性是实践哲学的重要内容。作为法哲学的一个重要课题，法律实践理性必然和实践哲学紧密联系在一起。实践哲学是法律实践理性的哲学基础，法律实践理性具有深厚的实践哲学底蕴。

在古希腊时期，亚里士多德把规范人类行为的法律置于人类实践的语境中，从而获得了对法律实践理性的理解。首先，实践理性可以作为法律规范的论证基础；其次，法学的知识属性为实践之知；最后，实践理性的预设存在一个能够充分自由对话的场域。对法律实践理性的哲学基础进行研究的第一人当属黑格尔，他在专著《法哲学原理》中指出，法学是哲学的一个部门，必须根据概念来发展理念，必须观察事物本身所固有的内在发展。法哲学以法的理念，即法的概念及其现实化为对象。法律自身规定性的展开必然具有现实性，必然会成为现实化的各个环节，而不仅仅停留在思维的抽象规定中。与此同时，现实存在的具体事物及其发展必然要体现概念的必然性，从而具有合理性。黑格尔的哲学透射出辩证法的思想光芒，但是它建立在唯心主义的基础上，颠倒了理论与实践的关系。

马克思以实践为武器对黑格尔的哲学进行了批判：德国的国家哲学和法哲学

在黑格尔的著作中得到了最系统、最丰富和最终的表述，对这种哲学的批判，既是对现代国家和对同它相联系的现实所做的批判性分析，又是对迄今为止的德国政治意识和法意识的整个形式的坚决否定。而这种意识最主要、最普遍且上升为科学的表现正是思辨的法哲学本身。对思辨的法哲学的批判既然是对德国迄今为止政治意识形态的坚决反抗，那么它就不会面对自己本身，而是会面向只有用一个办法即实践才能解决的那些课题。马克思以实践为基础构建了理论与实践的辩证关系，成为法律实践理性的哲学依据。

在现代社会，实践哲学研究不断发展。实践哲学思潮反映在法学领域中，使得法律过程中适用的实践理性成为一大理论特色。现代法学理论的重要问题之一是如何在不假设的条件下实现法的正当性。对这个问题的探讨使得众多法学家将视线转向具有客观性、现实性的实践，形成了丰富的理论成果，如麦考密克与魏因伯格的“制度法学”、阿列克西的“法律论证理论”、哈贝马斯的“法的商谈理论”等。这些理论具体内容各异，但它们有一个共同特征，即对法律做出了一种实践理性的理解。

首先，法律不是离开客观现实的主观臆想，法律必须建立在现实实践的基础上。法律存在的理由是为人们调整行为、形成合意、实现秩序提供可预测性的指南和自由的尺度。立法的一个重要特征是通过制定新规则来改变现行状况，这个规则将在日后被用于那些受其权力约束的所有或某些事物。立法者必须立足实践，从实际出发，实事求是，研究本国国情，总结立法的实践经验和教训，加强立法的预测和规划，收集和研究法律信息，在保持法的稳定性、连续性的同时及时进行立、改、废，使立法及时、准确地反映社会关系的变化发展。

其次，法律的正当化是一个实践问题，实践是判断法律正当性的基本标准。法律活动以法律规范为前提和依据，但是法律规范的概括性、一般性与复杂多样的现实生活存在一定差距，这样就出现了在现实生活中如何利用法律这样一个实践理性的问题。对于这个问题，仅靠逻辑证明难以得出合理的结论。判断法律的正当性，除了需要逻辑证明，更需要实践根据。而且，法律的正当化并非一劳永逸，法律判断等作为从一系列实践性假设中择取的命题，必须不断接受实践理性的检验。

第二节　科技发展对法律实践的挑战

从人类理性的角度出发，科技既是一种理论理性，又是一种实践理性，它是理论理性和实践理性的统一。现代科技发展不仅使自身的理论理性和实践理性得到强化，还对人类法律实践理性提出了更高要求，使得人类传统法律实践理性受到了挑战。

一、科技是理论理性和实践理性的统一

在很长一段时间里，科学和技术的关系并不密切，科学和技术早期是分开使用的两个独立的概念。从近代开始，科学和技术相互渗透、相互融合，成为一个“你中有我，我中有你”不可分割的有机整体。在这种情况下，科技作为一个独立概念的出现就很有必要，其内涵是：人们在认识和改造自然的过程中，通过从感性认识到理性认识的发展所获得的关于自然事物的本质和规律的知识体系，以及基于这种知识体系而产生的技巧和方法的总和。

科技是理论理性和实践理性的统一。一方面，科技是人类理性认识的成果，是人们认识自然的知识体系和改造自然的方法总和，具有鲜明的理论理性特征；另一方面，科技是人们在探索和改造自然的实践中获得的，具有鲜明的实践理性特征。

实践的基本形式有三种，即改造自然的生产活动、调控社会关系的社会活动、为改造自然而探索的科学实验活动。在改造自然的生产活动中，人们逐渐获得对自然事物性质和规律的认识，不断积累改造世界的经验和技能。这些认识、经验、技能经过总结和加工，上升为科技的知识和理论。为成功改造自然而探索的科学实验活动，是科技的直接来源和基础。科学实验的对象并非自然界本身，而是从复杂的联系中抽离出来、置于典型环境中的自然事物，这样就能排除一些复杂的偶然因素的影响，纯粹地进行某一方面的研究，从而得出准确可靠的科学结论。随着社会的发展，科学实验对科技发展的作用越来越大，现代社会中的

许多科技知识，如原子能、生物工程、遥感技术等都是在科学实验的基础上产生的。

科技能够满足人们改造自然和社会的需要，是“历史的有力杠杆”“最高意义上的革命力量”。科技不但可以指导人们认识、改造、利用自然，而且对社会组织结构、生活方式、意识形态都有巨大影响。在现代，科技比以往更加进步。现代科技更深刻地揭示了自然的奥秘，为人们进一步认识世界和改造世界提供了可能。

二、科技发展挑战法律实践理性的例证

现代科技发展使人类实践呈现出新的特征。一是实践内容更加丰富。高科技的研发和应用使人类实践获得了新内容，科技异化治理、科技风险防范成为人类实践的新课题。二是实践能力和水平得到提升。高科技转化为实践主体的实践技能、革新实践的工具和手段等，提升了人的实践能力和水平。三是实践主体之间的关系更加复杂。人们在科技活动中形成了新的科技社会关系，包括科技行政部门及其他政府机关与科技研发者、科技成果使用者之间的管理与被管理关系，科技研究机构与科技人员之间的分工与合作关系，科技成果发明者与科技成果使用者之间的契约关系，科技成果使用者与科技产品使用者之间的生产和消费关系等。现代科技发展条件下人类实践的这些新特征，对法律实践理性提出了诸多挑战，这里以科技异化和科技案件为例进行说明。

（一）科技异化对法律实践理性的挑战

科技的开发和运用是一把“双刃剑”，在不断改善人类生产和生活状况、推动社会进步和人类解放的同时，也带来诸多影响人类生存和发展的异化现象。

随着科技异化的蔓延，科技异化治理成为人类实践的重要内容。科技异化治理是指通过各种方式和途径防止科技不道德、不合理的研发与使用，减少和避免科技给人类及自然带来的消极影响与负面效果，扬长避短、趋利避害，以实现科技与经济、社会、自然环境之间的协调发展。科技异化治理的方式主要有技术治理、道德治理、政策治理、法律治理等。在高科技时代，法律治理是科技异化治理的根本方式。

科技异化的法律治理是指通过制定和实施科技研发与使用的规范，预防和遏

制科技异化现象的滋生与蔓延。具体方式如下：一是通过界定科技主体的权利与义务、规定科技行为的法律后果，为科技主体提供具体、明确、操作性强的行为模式；二是通过构建公平、正义的法律制度，为科技异化治理提供价值引导和制度保证；三是以国家机关为后盾打击科技违法犯罪行为，将科技研发与使用纳入合法轨道。

依据传统的法律实践理性，执法和司法是法治实践的关键与核心。科技异化的蔓延对执法和司法提出了新要求，这些新要求是对法律实践理性的考验。一是将科技手段运用到执法和司法过程中，如将指纹、声纹、DNA鉴别等科技运用于侦查、勘验、取证之中；二是将被赋予法律效力的科技规范作为执法和司法的重要依据（在环保、交通运输、医药、食品、建筑等行业的法律中存在着诸多技术标准）；三是贯彻落实科技法律，处理科技法律纠纷，打击科技违法犯罪，防止科技滥用等。

需要指出的是，法律治理不是万能的。一方面，对于科技主体的思想问题，法律不能起到很好的调控作用；另一方面，法律的实体价值是通过其形式价值实现的，因此对科技的负面效应及将人的生活技术化的弊端的控制，仍需仰仗法律本身在形式、程序、技术上的合理性。法律治理要借助其形式理性来制约科技的负面效应，而法的形式理性又受益和受制于科技本身，这就意味着对科技负面效应的控制仰仗和受制于科技本身的发展。

（二）科技案件对司法实践理性的挑战

科技发展既带来了改造世界的新方式、人际交往的新途径，也带来了更加复杂的社会关系和更加多样的行为方式。在科技研发与使用的过程中，科技纠纷、科技违法、科技犯罪等现象时有发生。这些现象进入司法领域，不但加重了司法裁判的负担，而且增加了司法裁判的难度。科技案件的司法裁判考验着法官的司法实践智慧，衡量着法官的司法实践理性。

司法裁判是一个查明事实和适用法律的过程，要获得公正的司法裁判，法官必须以事实为依据、以法律为准绳。为了使法官获得确定的案件事实，我国与大多数国家一样，设计了法庭辩论制度，由双方当事人就案件事实进行举证、质证、辩论。科技发展为双方当事人查明事实提供了有效手段，也为法官确定案件事实提供了便利条件，有利于更好地实现司法公正。

然而，在科技案件中，查明事实的难度很大，科技案件的司法裁判对法官的法律实践理性提出了更高要求。科技案件的基本特征如下：一是科技的专业性。科技案件除了涉及法律问题，还涉及科技领域的专业技术问题。相对于普通案件，在科技案件的司法裁判过程中，举证、质证更加困难。二是侵害结果的复杂性。有些科技成果滥用对人体和资源的损害需要经过一定时间才能显现出来，有些科技成果滥用的不良后果涉及范围广泛。所以，在一些科技案件中，确定受害主体是一件困难的事情。三是侵害行为与损害事实之间联系的多样性。科技侵权行为和高科技犯罪行为具有隐蔽性、即逝性，因而调查取证更加困难。由此可见，科技案件给司法实践理性带来了巨大挑战。

第三节　科技发展推动法律实践创新

任何时代的法律实践理性都是该时代法律实践的反映，法律实践的变动决定了法律实践理性的变动。在高科技时代，法律实践理性的变动更为明显。科技迅猛发展，与之相伴的科技异化给法律实践理性带来了挑战，同时也为法律实践理性的发展提供了机遇。法律实践理性通过吸纳法律实践发展的因素而表现出回应性特征，并通过对法律实践的回应来提升自身。现代科技发展推动了法律实践理性的提升，其突出表现为科技立法理性与科技司法理性的形成和发展。

一、从立法理性到科技立法理性

立法理性与人类立法相伴而生，立法活动随着历史发展而不断发展，立法理性也随着经验积累和科技进步而不断提升。人类立法理性的不断提升，不但表现为从古代专制集权体制下君主的“一言立法，一言废法”发展到现代民主法治下立法机关依照法定职权和程序立法，还表现为立法理性和不断发展的科技相结合，促使科技立法理性的形成与发展。

（一）立法理性

立法理性是人类理性在立法中的运用和体现。与立法活动一样，立法理性也在不断创新。从近代开始，立法理性突出表现为立法的合法性、民主性、客观性、程序性。

1.立法的合法性

立法的合法性建立在法律统治的基础上，即立法活动依据宪法或立法法的规定进行。立法的合法性的意义在于，它是防止任意立法、实现法制统一的基本条件。

2.立法的民主性

立法的民主性使得立法不再是某个人的事情，而是广大人民群众共同参与的事情。广大人民群众参与立法，有利于避免立法过程中“言出法随”“一言立法，一言废法”的人治现象，有利于各方表达利益诉求，从而使立法更好地反映人民群众的共同意志。

3.立法的客观性

立法的客观性是指立法机关制定法律时从实际出发，实事求是地立足于国情，正确反映国家的政治、经济、文化现状。立法的客观性意味着立法机关能将立法经验与立法预测结合起来，注重收集和研究法律信息，在保持法律稳定性、连续性的同时，及时采取立、改、废等措施，使立法及时、准确地反映社会关系的变化与发展。

4.立法的程序性

立法程序是国家机关创制、认可、修改、废止规范性法律文件必须遵循的法定步骤。立法的程序性强调了立法的规则性、严肃性，构成了对随意立法、胡乱立法的有力约束，反映和体现了立法理性。

（二）科技立法理性

科技立法理性是人类理性在科技立法中的运用。科技立法是指立法机关适应科技发展，按照科技异化防范和治理的要求，依照法定职权和程序，认可、创制、修改、废止科技法律规范的专门活动。科技立法通过规定人们在科技研发、科技使用、科技管理等活动中的权利、义务及法律责任，为科技主体从事科技活动提供行为模式，为制裁科技违法行为提供法律依据。20世纪60年代以前，有关科技方面的法律规范大多零散地出现在宪法、民法、刑法等传统法律门类中。直到1965年，英国在《科学技术法》中明确提出了“科技法”的概念之后，许多国家才开始进行专门的科技立法。20世纪90年代以来，高新技术领域的竞争日益激烈，我国制定了相应的法律给予保障，同时在传统法律门类里增加了促进科技进步的内容。随着科技立法的发展，规范科技行为、调整科技社会关系的法律规范不断增加，科技法律部门也逐步形成和发展。

科技立法具有不同于传统立法的内容和特征。科技立法是一种新兴的立法实践活动，它的出现标志着人们的科技意识极大提高，标志着国家以法律形式引导、协调、保障、促进科技进步并防止科技成果滥用的自觉性极大提高。科技立法是人类理性释放出巨大能量的表现，人类理性的释放意味着科技立法理性的形成，科技立法理性的形成是人类法律实践理性提升的首要的、基本的表征。其主要表现如下。

第一，科技研发使人们对自然和人自身有了更加深入的了解，许多科技成果成为制定和修改法律规范的依据。

第二，科技具有“双刃剑”效应，各国不但立足于科技的积极效应而制定促进科技进步的法律规范，而且从各种社会技术的危害现象中离析出与特定的价值准则冲突较大的部分，并把它们及时纳入法律的控制范围内给予有效防范。

第三，科技发展使得立法事项的专业性和技术性越来越强，单纯由立法机关立法不能满足社会对规则的需求，于是授权立法和委任立法的立法方式逐渐被广泛采用。授权立法和委任立法的大量出现意味着行政机关将在科技立法中扮演更加重要的角色，然而行政机关在制定科技法律规范时不能闭门造车，必须让民众尤其是科技专家参与其中。

第四，立法工作方式受到科技发展的影响。例如，对法律草案进行网上讨论、通过数据对立法或法律条文进行查询、通过计算机对同一命题的不同立法案进行筛选等，都是对传统立法工作方式的改革。

科技立法理性是法律实践理性回应科技发展的典型表征，这种回应将是一个长期的、没有终结的历史过程。科技发展永无止境，科技时代的社会基础也处于不断变动之中，所有这些必然引发法律实践理性对科技发展与社会变动的不断回应。为了保证法律实践理性能够适时地、有效地对科技发展与科技异化做出回应，立法者必须准确把握科技发展的现状及趋势。

二、从司法理性到科技司法理性

虽然运用法律处理具体案件的活动古已有之，但是由法院依据法定职权和程序进行案件处理则是近代以来的事情，它源于近代启蒙思想家的分权思想，是近代以来分权制度的产物。所以，司法是人类文明发展到近代的产物，是人类法律实践理性进步的重要标志。从近代到现代，司法不断发展，司法理性不断提升，随之出现了司法理性与科技相结合的科技司法理性。

（一）司法理性

学者们对司法有着多种理解，但较为公认的观点是：司法是国家司法机关依法定职权和程序运用法律处理具体案件的专门活动。司法存在是极为必要的。一方面，司法是实现立法目的和法律价值、保障公民权利、维护社会秩序必不可少的途径；另一方面，法律不会自发地实现对社会的调整，法律对社会的调整需要司法机关依靠法律来进行。司法的目的和功能因司法体制的不同而具有差异性，但无论在什么样的司法体制下，司法都具有以下功能：给受到损害的权利提供最终的、权威的救济；对具有侵犯性和扩张性的国家权力进行监督与控制；对侵害他人利益和公共利益的违法犯罪行为予以制裁。

人类理性与司法的结合形成了司法理性。司法理性是指司法人员运用程序技术进行法律推理和判断，其在寻求结论的过程中所体现出的一种实践智慧和能力。这种智慧和能力是司法人员在司法实践中形成与积累起来的，其与司法职业有着密不可分的联系，并且在事实上构成司法职业的内在要求。司法理性寄于司法的基本特征和根本价值中。其表现如下。

1.启动的被动性

司法权不是主动介入人们之间的纠纷，而是在纠纷已存在并有当事人愿意将纠纷提交司法机关裁判的情况下，司法权才开始启动。这种被动性就是人们常说的“不告不理”。

2.运作的中立性

在司法过程中，法官不偏向争讼中的任何一方，以中立的立场理性对待双方当事人的权利请求和抗辩主张，不因情感影响而有所偏向。司法运作的中立性是司法平等和司法独立的要求与体现。司法平等是指司法机关在用法律处理具体案件时，不受民族、种族、性别、职业、社会出身、宗教信仰、教育程度、财产状况、居住期限等因素的影响，对任何公民都平等地适用法律规范，对任何公民的合法权利都依法保护，对任何公民的违法犯罪行为都依法追究责任和给予应有的制裁。司法独立是指由司法机关独立行使司法权，不受行政机关、社会团体和个人的干涉。

3.裁判的说理性

司法审判是原告及其代理人、被告及其代理人等各方参与论辩，最后由法官做出裁判的过程。多方参与使裁判成为一种利益平衡的理性过程，面对控辩双方及庭内外各种力量的争锋，司法者必须保持自己内心的法律正义感，同时要善于随机应变，及时调整法律运作的策略格局。说理性是司法裁判极为重要的特征，现代法治国家对撰写司法判决书非常重视，设计出了许多旨在确保公众事后了解裁判过程和理由的制度。一些国家的最高法院甚至要求，判决书要载明法官的意见分歧及各自的理由。

4.司法的公正性

司法的根本价值在于公正，主要包括实体公正和程序公正。实体公正是指司法机关在适用法律时以事实为依据、以法律为准绳，从而使当事人的权益得到切实保障，使违法行为受到应有的惩罚。程序公正是指司法机关在侦查、检察、审理、裁决案件过程中的合法性、公开性、平等性、中立性。实体公正和程序公正相辅相成，程序公正是实体公正的前提和保障，实体公正是程序公正的目的和结果。

（二）科技司法理性

科技司法是指司法机关运用科技法律处理具体科技案件的法律实践活动，它是科技法律施行的主要方式，对于贯彻和落实科技法律、实现科技立法的目的和价值等具有极为重要的作用。然而，科技司法不是在任何情况下都可启动，一般而言它的启动只有在下列两种情况下才具有合理性：一是科技主体在科技研发、转让、使用中发生纠纷而不能自行解决，致使当事人提出诉讼请求时；二是出现科技犯罪时。科技案件的司法裁判对法律实践理性提出了更高的要求，在适应科技案件司法裁判要求的过程中形成了科技司法理性。科技司法理性既有一般司法理性的普遍特征，又有不同于一般司法理性的特殊内容。

1.在法律推理方式上，形式推理与实质推理相结合

“以事实为依据、以法律为准绳”是司法的基本原则，这一原则表明法官对案件的司法裁判由三个环节构成：一是寻找并确认案件的证据；二是选择相应的法律规范；三是推导合理的结论。从法律逻辑学来看，这三个环节构成了一个完整的法律推理过程，即确定和权衡不同的法律理由，以支持或反对每一个预期的行为。通过法律推理，我们可以获得案件的结果。法律推理是任何案件进行司法裁判不可或缺的方法和途径，但不同的案件使用法律推理方法的具体方式存在不同。一般而言，在有明确的法律规则可供参考的情况下，法官采用形式推理的方式就可做出具有确定性结论的司法裁判。形式推理是指依据形式逻辑的基本规则和基本规律，以现有的法律规定和确认的案件事实为前提，对具体案件作出裁决的法律推理方式，它不介入非法律因素，也不涉及价值判断。在法律没有明文规定或遇到新奇疑案时，则要求适用高层次的法律推理方式，即实质推理。实质推理是指根据推理前提的实质内容及推理者的价值倾向，对具体案件做出裁决的法律推理方式，它不涉及思维形式是否正确，只涉及对法律规定和案件事实的实质内容的评价问题。

从各国的科技司法实践来看，运用实质推理的方式解决科技新奇疑案的路径主要有以下方面：司法机关对科技法律精神进行解释（仅从文字上解释一般不能列入实质推理范畴）；提出新科技案件判例，修改或推翻前科技案件判例；根据正义、公平等法律伦理意识来作出判断；根据习惯、法理来作出判断；根据国家的政策或法律的一般原则来作出决定。

实质推理有利于新奇疑案的解决，但这种推理形式意味着赋予法官在运用形式推理方式下所没有的权力，因而必须慎重地使用。其具体要求是：一方面，构建完善的制度以加强对法官运用实质推理方式的制约和监督；另一方面，法官本身应注意自我约束。

2.在举证责任分配上，实行举证责任倒置

在科技案件中，作为原告的受害者往往居于弱势地位，如果坚持“谁主张谁举证”的一般举证规则，对受害者来说是不公正的。在这种情况下，实行举证责任倒置有利于实现司法公正。事实上，举证责任倒置原则正是为了适应公正处理科技案件的需要而产生的。在德国工业革命时期，随着科技的发展出现了许多涉及环境污染、医疗事故赔偿问题的案件。在审理这些案件时，如果沿用旧的举证

责任分配原则，对受害者有失公平。于是，一些法官进行大胆的创新实践，他们在法律没有相关规定的情况下，根据司法实践中的新情况，借助自己的自由裁量权，将举证责任转移给了加害人。后来，由于此类案件大量发生，引起了立法机关的重视，立法者便明文规定由加害人来承担这类案件的举证责任，实行“举证责任倒置”。

3.在科技侵权归责上，以无过错责任为核心

科技侵权归责是不法科技行为与法律制裁之间的特种关系，法院不仅要遵循责任法定、因果联系、公平正义、责任自负等一般归责原则，还必须遵循过错责任、推定过错责任、无过错责任、公平责任等特殊归责原则。依据过错责任原则，只有当行为人主观上有过错时，法院才能追究其法律责任；依据推定过错责任原则，如果行为人不能证明自己的致害行为没有过错，那么法院可以推定其有过错并追究其法律责任；依据无过错责任原则，不管行为人主观上是否有过错，只要行为人的行为与造成的损害后果之间有因果联系，法院就可以追究其法律责任；依据公平责任原则，在当事人双方对造成损害都无过错的特殊情况下，法院可以依据公平理念责令侵权行为人承担一定的赔偿责任。

在上述科技侵权归责的特殊原则中，无过错责任原则是核心。现代科技在彰显生产力效应的同时，使得意外灾害事件时有发生。科技导致的意外灾害具有四个特征：第一，造成事故的活动皆为合法而必要；第二，事故发生频繁；第三，事故导致的损害异常巨大，受害者众多；第四，事故是高度工业技术缺陷的结果，难以防范，而加害人是否具有过失，被害人难以证明。在这种情况下，采用无过错责任原则既是实现公平的要求，又是维护公共利益的需要。无过错责任原则对科技研发和运用提出了更高的要求，有利于促进科技工作者和科技成果使用者积极履行法律规定的义务，促进其在科技研发和应用中高度重视科技安全，采取有效措施防止科技意外事故的发生。

三、关于我国科技发展与法治建设互动的当代思考

（一）我国科技发展与法治建设的现状

1.法律与科技关系的当代定位

自20世纪90年代以来，科技全球化迅速发展，互联网成了信息在全世界自由

扩散和交流的工具。全球投入科技活动的资金和人员，以及科技活动的产出普遍增加，国际研发投入增长强劲，企业的跨国研发投资和跨国联盟不断增加，科学技术的发展发生了深刻变化。各国根据国际环境的变化和国家经济发展战略的需要，调整了本国的科技政策。同时，随着经济全球化的迅速推进，世界市场竞争加剧，产品质量日益提高，不仅发达国家重视科技的创新与质量的提高，发展中国家和地区也在努力转变经济增长方式、重视科技的进步与质量的提高。随着新的科技突破及重大集成创新不断涌现，学科交叉融合进一步发展，科学技术呈现出学科交叉、群体突破、日新月异的景象。科技的发展不仅将继续推动生产力发展、推动全球经济的发展，还将改变人们的生活方式，对社会、文化、政治、教育等领域产生巨大影响。同样，科技对法律和法学也提出了前所未有的挑战。

高科技对现代法律提出了全新挑战。科技的新发展，除了对法律产生一些规律性的影响之外，还将产生一些新的影响。

首先，对法律调整对象、法律主体的影响。在传统观念中，法律调整的是人与人之间的社会关系，因此作为法律关系的主体，只限于人的范围。随着科技水平的不断提高，人类与自然界从对立走向融合，人与自然的关系逐渐被纳入法律的调整范围。随之，作为法律关系的主体就不仅仅包括人，还包括自然及其他非人生命体。例如，西方有学者提倡对动物权利、生命体权利、自然体权利予以保护，并且在实践中已经出现了以动物作为诉讼主体的案例。这些对传统法律产生了不小的冲击。

其次，对权利的重新诠释。“权利”作为法学的基础范畴和法律关系中的核心内容，是法律的逻辑起点与理论前提。以往的权利仅仅定位在当代人的权利范围之内，以往的法律调整也主要集中在对现有权利的分配和调整上。然而，在可持续发展理论的支持下，权利的范围扩展到后代人的权利、自然界的权利、动物的权利。例如，近年来出现的环境权、发展权充实着权利的内涵，拓宽了法学的视野。

最后，对法律价值的重新理解。例如，对于法律中的“公平”价值，传统的标准要求人在社会中得到公平对待，法律要本着公平、公正的原则和态度予以调整，而在可持续发展理论下，出现了代内公平和代际公平的概念。又如，对于法律中的“正义”价值，先前只局限于人类社会范围内，而当前提出的“环境正义”“绿色正义”等全新的理论，显然突破了这一范围，这是科技不断发展的需求和结果。高科技的不断发展，使得人们对于自然界的无限探索和人与自然的“亲密接触”成为可能，而“亲密接触”的结果就是将自然科学发展过程中所引发的问题纳入法律视野中。尤其是当前出现的有关环境保护的问题、人与自然和谐发展的问题、经济社会高质量发展的问题等，已超出了科技本身的能力范围，需要法律对此予以调整、规制、引导。

2.我国的科技立法现状

鉴于科技与法律之间千丝万缕的关系，立法中对促进科技进步、保障科技成果合理转化、有效减少科技负效应等问题做了专门的规定和立法，从而形成了以调整科技活动所产生的各种社会关系为内容的科技法律体系。随着科技与法律关系在当代社会中的逐渐加强，这一方面的立法将呈现出更为频繁、更加多样的发展趋势。首先，我国在宪法中对科技是生产力以及国家要提高全民族的科技文化水平、发展自然科学和社会科学事业、奖励科学研究成果和技术发明创造等内容作出了原则性规定。其次，我国制定和出台了一系列促进与鼓励科技进步、技术创新的法律法规，如《中华人民共和国科技进步法》《中华人民共和国专利法》《中华人民共和国技术合同法》《中华人民共和国计量法》等，并制定了如《中华人民共和国自然科学奖励条例》《中华人民共和国发明奖励条例》《中华人民共和国科学技术保密规定》等行政法规。与此同时，我国还加入了《建立世界知识产权组织公约》《保护工业产权巴黎公约》《专利合作条约》《商标国际注册马德里协定》等国际公约。上述立法成为我国面对新科技时代挑战和加速科技进步的行动指南，将极大地加快我国的科技发展。

（二）加强我国科技发展与法治建设的现实对策

1.不断提高和完善我国的科技立法水平

第一，进一步完善科技立法体系。在我国现有《中华人民共和国科技进步法》等科技法律的基础上进行专门性立法，制定、出台一大批具体调整科技发展的法律法规，使《中华人民共和国科技进步法》的原则和立法思想落到实处，进而形成科技法律法规体系，增强科技法规的应用性。

第二，加强科技立法的地方灵活性。科技立法要层次分明、管辖范围明确，既要体现中央法律的纲领性，又要发挥地方法律的灵活性。具体来说，对地方的科技发展要加以立法和完善，鼓励结合本地区特色进行立法工作，构筑科技法规立体网络。

第三，进一步加强理论研究，完善科技程序立法。从科技司法实践提升到理论研究层次，对科技程序立法的科学性进行深入研究，努力构建一套成熟、高效的程序立法机制。用法律规定科技发展和知识产权的获益程序、知识成果转化的获益程序、科技研究发展的审批程序等。

第四，加强科技立法监督，完善科技立法实施后的评估体系。对科技立法的前期工作、立法过程和步骤、立法成果进行有效监督，适当加强对科技法规的国际理论研究和对国外经验的借鉴，结合我国特色建立科技立法的评估指标和评估方法，为科技法律法规的持续性建设提供决策参考。

第五，重点加强实体性规范，建立技术标准和规范体系。加强科学技术标准规范，弥补我国科技法规原则性强、操作性弱的问题。实行科学技术标准，有利于科技法制的统一管理和适用，有利于实现公平和正义。

我们应大力加强科技立法的理论研究和具体实践，努力寻找适合我国自身发展的科技法制体系，真正做到有法可依，且有好法可依，进而为推进科技与社会的协调发展贡献力量。

2.进一步增强全民的科技法律意识

增强社会民众的科技意识和法律意识，将为科技发展和法治建设营造一个良好的环境与空间，使全社会形成崇尚科学、尊重法律的良好风气，促使法律发展更加贴近科学、科技进步更好地依赖法律保障。

首先，法律工作者应具有一定的科技素质并崇尚科学精神。由于科学发展、社会发展是客观的，不以人的意志为转移的，而法律作为调整社会活动（包括科技活动）的行为准则，其制定和实施均要符合社会发展规律。而无论是法律的制定，还是法律的实施，都离不开人的操作，尤其是法律工作者，包括立法者、法官、检察官、律师等。提高法律工作者的科学素质，对于保证法律的有效运行至关重要。

其次，科学工作者应具备一定的法律常识，尊重法律，崇尚法律。科学工作者进行科学探索没有禁区，但其科学活动要接受法律的约束，只有这样才能通过对科学的无穷探索、对技术的无限开发来丰富人们的物质财富和精神财富，同时避免科学技术给人类带来的危害。科学工作者在进行科学活动时，不仅要有社会责任感和道德感，还应尊崇法的精神。普及法律知识，使科技工作者具有一定的法律知识，进而培养他们懂法、尚法的法理念和法精神，对科学活动具有重要的指导意义。

最后，全社会应形成尊重科学、尊重法律的良好氛围。积极发挥科技、法律的社会作用，通过各种形式的科普活动和普法活动，使社会民众掌握更多的科学知识和法律常识，树立科学意识与法律信仰。

结束语

通过对法律理论基础与实践路径的深入研究，可以得出以下结论：

第一，法学理论与实践的融合可以促进法学的发展。法学理论是法学研究的基础与核心，它反映着社会的法律制度规范。然而，单纯的理论研究往往仅停留在纸上谈兵的层面，缺乏实践验证和应用。而通过与实践相结合，法学理论可以更好地与社会实际相契合，发现问题并提出解决方案，进而将理论转化为实际操作的指导。只有通过理论的指导与实践的验证，才能推动法学理论发展，使其不断适应社会的需求与变化。

第二，法学理论与实践的融合可以提高法学教育的质量。法学教育是培养法学人才的重要途径，而法律实践能够使法学教育更加贴近实际，培养出更加符合社会需求的法学人才。在法学课程设置方面，应加强与实践相结合的内容，让学生在学习理论知识的同时，能够了解实际案例和司法实践。在教学方法上，应注重理论与实践相结合，采用案例分析、模拟法庭等教学形式，让学生能够将理论知识应用于实际问题中，提升实践能力和解决问题的能力。

第三，法学理论与实践的融合可以提高司法实践的科学性和公正性。司法实践是法治社会的核心，而法学理论作为法治的理论基础，应当与司法实践相结合，为司法活动提供科学的依据和指导。通过与法学理论的融合，可以发现司法实践中的问题和困惑，并提出相应的理论解释和解决方案，促进实践的规范化和透明化。同时，法学理论与实践的融合也可以增强司法人员的专业能力和职业操守，提高司法判决的科学性和公正性。司法人员在司法实践中需要不断学习和研究法学理论，并将其运用到具体的案件审理中，以确保司法活动的公正与权威。

由于受到知识的广度和深度、资料来源以及研究时间等因素的制约，书中的部分内容探析尚不够深入。希望读者在阅读本书后，既能有所收获，又能对本书提出更多的批评建议。同时，也希望有更多的研究学者继续深入开展研究，共同推动社会的发展。

参考文献

[1]宋述贤，巩绪福，严苗. 高校法学教育与德育管理[M]. 长春：吉林人民出版社，2021.

[2]谷春德，杨晓青. 法学概论（第六版）[M].北京：中国人民大学出版社，2021.

[3]高其才. 法学基础（第五版）[M]. 北京：清华大学出版社，2018.

[4]黄玉敏. 法学基础理论与应用（第二版）[M]. 北京：高等教育出版社，2022.

[5]周祖成. 立法学[M]. 北京：中国法制出版社，2022.

[6]夏锦文. 法学概论（第5版）[M]. 北京：中国人民大学出版社，2022.

[7]林丁，李石松，图雅.法学教育改革的探索与实践[M].北京：北京燕山出版社，2021

[8]李占荣，童志锋，唐勇，等. 法学热点追踪（第一辑）[M]. 杭州：浙江工商大学出版社，2022.

[9]陈柏峰. 什么是法学/走进大学[M]. 大连：大连理工大学出版社，2022.

[10]陆宇峰. 系统论法学新思维[M]. 北京：商务印书馆，2022.

[11]孙明. 当代法学教育创新与实践研究[M]. 北京：新华出版社，2022.

[12]刘旺洪. 法学专业实践教学改革探索[M]. 南京：南京大学出版社，2022.

[13]吴祖谋，李双元.法学概论（第十四版）[M]. 北京：法律出版社，2021.

[14]孙彬，王燕军. 实用法律基础（第二版）[M]. 北京：中国人民大学出版社，2022.

[15]王健，王恒亮，郭凤丽. 法律基础与教育研究[M]. 北京：线装书局，2022.

[16]戴永志. 行政法律基础理论与实务[M]. 北京：中国法制出版社，2022.

[17]李蔚. 实用法律基础（第二版）（双色）[M]. 镇江：江苏大学出版社，2022.

[18]赵威，魏丹. 法律基础[M]. 北京：清华大学出版社，2021.

[19]金磊. 法律基础知识[M]. 北京：北京理工大学出版社，2021.

[20]王静. 法律基础与实务[M]. 北京：北京燕山出版社，2022.

[21]刘莲花. 全国法律类专业职业教育规划教材法律基础[M]. 武汉：武汉大学出版社，2021.

[22]法律出版社法规中心. 中华人民共和国法律全编（2023版）[M]. 北京：法律出版社，2023.

[23]法制出版社法规中心. 中华人民共和国常用法律法规全书（含司法解释）[M]. 北京：法律出版社，2023.

[24]中国法制出版社. 法律政策全书系列民事强制执行法律政策全书（2023版）[M]. 北京：中国法制出版社，2023.

[25]法律出版社法规中心. 中华人民共和国行政执法法律法规全书（含相关政策）[M]. 北京：法律出版社，2023.

[26]中国法制出版社. 中华人民共和国司法行政法律法规全书（含全部规章）[M]. 北京：中国法制出版社，2023.

[27]傅静坤. 民法总则（第二版）[M]. 广州：广州中山大学出版社，2021.

[28]王磊，梁文莉. 法学概论[M]. 北京：国家开放大学出版社，2020.

[29]北京市朝阳区律师协会. 律师之师：律师实务与技能十讲[M]. 北京：中国政法大学出版社，2023.

[30郭一帆. 律师基础理论与实务研究[M]. 延吉：延边大学出版社，2022.

[31]周利明. 解构与重塑：建设工程合同纠纷审判思维与方法[M]. 北京：法律出版社，2019.

[32]刘建宏，朱传斌. 律师实务教程[M]. 北京：国家开放大学出版社，2021.

[33]王忠华. 法学基础理论研究现状及批判——双重危机下法理学的理论重构[D]. 贵阳：贵州大学，2021.

[34]王业辉. 侵权纠纷案例与实务[M]. 北京：清华大学出版社，2018.

[35]上海市律师协会公司与商事业务研究委员会.律师实务进阶培训教程公司

治理律师实务[M]. 北京：法律出版社，2023.

[36]广东广信君达律师事务所. 专业智慧步步为赢：律师实务案例精选（上册）[M]. 北京：法律出版社，2023.

[37]胡琴. 律师助理实务[M]. 北京：法律出版社，2023.

[38]陈岑. 法学学科“阅读推广+知识服务”创新实践研究——以天津大学为例[J]. 图书馆研究与工作，2024，（3）：72–77.

[39]何跃军，陈淋淋，何雨泽. 法学教育理论与实践脱节论的三重逻辑反思[J]. 宁波大学学报（教育科学版），2024，46（2）：38–46.

[40]张东. 促进中国式现代化的发展法学理论创新[J].华东师范大学学报（哲学社会科学版），2024，56（1）：113–128+178–179.

[41]李成玉. 弘扬新时代实践法学的法治自信[J]. 法律适用，2024,（1）：178–179.

[42]汪习根. 加强法学基础理论研究推进马克思主义法学理论中国化时代化[J]. 中国大学教学，2023,（9）：79–83+89.

[43]孙美娟，查建国，陈炼. 奋力推进新时代法学教育和法学理论研究[N]. 中国社会科学报，2023–05–15（002）.

[44]付子堂，张永和，龙大轩，等. 优化法学学科体系创新发展法学理论研究体系[J]. 西南政法大学学报，2023，25（2）：3–44.

[45]善托娅. 思想道德修养与法律基础课程中的法治思维培养[J]. 公关世界，2022（8）：115–116.

[46]李石松. 探索中国特色社会主义法学理论体系的建设发展路径[J]. 吉林广播电视大学学报，2020（9）：133–134.

[47]付媛. 法学理论课程实践性教学改革研究[J]. 法制与社会，2020（25）：164–165.

[48]何福君. 论评价新时代法学理论研究质量的三重维度[J]. 法制与社会，2020（23）：1–2.

[49]陆平. 马克思主义法学理论探析——兼论新时代法治理论[J]. 学理论，2020（6）：78–80.

[50]乔中国. “法律基础”课案例分析教学法浅议[J]. 思想理论教育导刊，2002（3）：32–33.

[51]呼和. 法律基础课案例教学法探究[J]. 内蒙古师范大学学报（教育科学版），2015，28（12）：128–129.

[52]万筱萍. 新时代大学生法学素质的培养与法律基础课程建设[J]. 清华大学教育研究，2002（3）：105–108.

[53]张鹏富. 新时代高校思想道德修养与法律基础课程教学改革研究[J]. 吕梁学院学报，2022，12（2）：79–81.

[54]时瑞燕. 以问题意识探析法学研究的创新方法[J]. 法制博览，2021（22）：187–188.

[55]邱爱民. 论行政执法证据法学理论体系的建构[J]. 扬州大学学报（人文社会科学版），2021，25（4）：32–43.

[56]赵丽君. 提高人文素质增强实践能力——“法律基础”课的教学实践与探索[J]. 思想政治教育研究，2000（4）：44–45.

[57]刘斌. 马克思主义法学理论对中国法治建设的当代价值[D]. 聊城：聊城大学，2020.